Mit einem Frachter unterwegs

Sieglinde Lassen

Mit einem Frachter

unterwegs

Bibliografische Information der Deutschen Bibliothek:
Die Deutsche Bibliothek verzeichnet diese Publikation in der Deutschen
Nationalbibliografie; detaillierte Informationen sind im Internet über
<http://dnb.ddb.de> abrufbar.

Umschlag-Graphik: Bob Pfeffer, Lanzarote
Foto MS Warschau: Reederei Töpfer, Hamburg
Herstellung und Verlag: Books on Demand GmbH, Norderstedt
ISBN 3-8334-3557-7

Es ist der 16. April 1981, also der Tag, an dem unsere Reise auf der »Warschau« beginnt.

Soeben um 21 Uhr erreichen wir die offene Nordsee. Der Lotse, der das Schiff die Weser abwärts führte, hat uns kurz zuvor in dem Boot verlassen, das zugleich einen Kollegen mitbrachte, der uns noch bis zum Weser-Feuerschiff begleiten wird. Während Harald schon schläft, sitze ich noch immer auf dem Schreibtisch in unserer Kabine, um aus dem großen Fenster darüber auch den Abgang dieses Lotsen zu beobachten. Um Mitternacht war es dann so weit, und wie ich am Stand des Mondes sehen konnte, nahm der Kapitän auf der Brücke eine Kursänderung vor. Erst im Golf von Mexiko werden wir wieder an Land gehen können, wenn die »Warschau«, die vorerst in Ballast fährt, in Tampa Phosphate aufnehmen wird.

Ganz ruhig liegt das Schiff, es ist nur ein leichtes Vibrieren zu spüren, und da ich keine Lust hatte, die ersten Stunden auf der weiten See zu verschlafen, hole ich mein Tagebuch aus der Schublade und nehme es in den nebenliegenden Salon mit. Ich wollte die Reise festhalten, zugleich auch noch den Text auf Kassetten sprechen, um sie später in dem jeweiligen Hafen, den wir anlaufen, an die Kinder zu schicken.

Zuerst hole ich mir aus dem Kühlschrank ein Mineralwasser, stelle wohltuend fest, dass inzwischen auch die Heizung an war, denn es wurde nach dem Sonnenuntergang empfindlich kalt. Schaue nochmals durch die Bullaugen auf die dunkle See und noch etwas länger mit dem Stift zwischen den Zähnen auf das weiße Blatt vor mir. Wie das so ist, wenn man nicht weiß, wie und wo man anfangen soll, wann und weshalb wir diese Reise geplant haben.

In einer großen Familie, in der die Kinder eine lange Schulzeit mit einem anschließenden Studium ohne staatliche Hilfe durchlaufen, ist eine solche Reise ein Luxus und meist nur möglich, wenn überraschend ein Lottogewinn oder, wie bei uns, das Schreiben eines Notars ins Haus flattert, der mitteilte, dass ich nebst meinen Schwestern, Basen und Vettern eine Tante beerbt hätte.

Das war schon eine große Überraschung, denn keiner von uns hatte eine Ahnung, dass unsere Tante außer Apfelplantagen noch mehr zu vererben hat. Und wenn, dann würde bei dieser großen Zahl von Nichten und Neffen nicht viel für jeden abfallen. Ich dachte, es würde vielleicht für ein Essen in einem außergewöhnlichen Restaurant reichen.

Aber es war viel mehr, sodass es außer einem solchen sehr gepflegten Essen auch für die mit der Hand bestickte Tischdecke reichte, die ich schon lange in einem Schaufenster bewunderte. Dazu neue Sprossenfenster für das ganze Haus und diese Schiffsreise, wenn auch nicht auf einem Luxusdampfer, was wir sowieso nicht wollten.

Ein Frachter sollte es sein, auf dem Harald mit auf der Brücke stehen kann, so wie er es als Kapitän getan hätte, wäre sein Vater mit diesem Beruf einverstanden gewesen. Und mich würde vor allem interessieren, wie ein Tag der Mannschaft abläuft und wie ihr soziales Verhalten auf solch engem Raum untereinander ist.

Also dachte Harald nach und dabei an seinen früheren Chef, einen Schiffseigner in Hamburg, der eine Flotte von Frachtern unterhält und dessen Assistent er bis zu seiner Einberufung im Jahre 1942 war. Und tatsächlich, dieser inzwischen auch älter gewordene Herr machte es uns möglich, ja – er stellte uns seine Kabine mit dem anschließenden Salon zur Verfügung.

Er meinte, die Reise mit der »Warschau« nach Vancouver Island wäre für uns das Richtige. Auch der Auslauf so Ende März im kommenden Jahr, eine Jahreszeit, die einem Gast an Bord und der Mannschaft auf dem Schiff entgegenkommt. Er ließ uns dann noch mitteilen, welche Auflagen wir erfüllen müssen:

Zuerst anheuern und beim Seeamt in Hamburg das Seefahrtsbuch ausstellen lassen, was aber nur mit einem Seetauglichkeitszeugnis möglich war. Für mich als Schwäbin war das unvorstellbar. Aber sowie ich lernte, unser Segelboot »Tine« am Liegeplatz festzumachen oder es sogar zu steuern, werde ich auch diese Prozedur überstehen!

In der Familie war natürlich zuerst großes Erstaunen. Und als die Kinder merkten, dass wir tatsächlich als Seeleute fahren und mindestens drei Monate an Bord sein werden, waren sie besorgt, ob die Eltern sich mit einer solchen Reise nicht überfordern.

Natürlich nicht, denn wer als Zahlmeister und als dessen Assistentin anheuert und nach der Anmusterung vor dem Seefahrtsamt angenommen wird, kann ja wirklich nicht zu alt sein. Und dass wir seefest sind, haben wir beim Hochseeangeln immer wieder festgestellt.

Also freuten wir uns auf diese Reise und wollten gleich nach dem Weihnachtsfest mit den Vorbereitungen beginnen. Im Januar mussten wir noch einen lieben alten Menschen aus der Familie begraben. Im Februar dagegen die freudige Nachricht, dass uns Ende Oktober ein viertes Enkelkind geboren wird.

Und Anfang März löste sich viel schneller als gedacht auch das Problem, wer in der Zeit unserer Abwesenheit das Haus bewohnen und den Garten pflegen wird. So blieben uns nur noch die Fragen, was nehmen wir an Kleidung mit, an Büchern und sonstigen Dingen, und vor allem – wann wird die »Warschau«, mit uns an Bord, auslaufen?

Mitte März kam die Mitteilung der Reederei, wir mögen bis Ende des Monats in Bremen sein. Allerdings sei noch offen, wann die »Warschau« dort eintreffen würde, da sie in England durch dichten Nebel Schaden genommen habe, der zuerst noch behoben werden müsse. Es wurde also mit unseren letzten Vorbereitungen doch noch eng.

Zuerst bestellten wir auf unbestimmte Länge des Bremer Aufenthalts ein Zimmer im Landhaus Louisenthal, was eine lange Erklärung gegenüber der Dame nötig machte, als sie die Reservierung aufnahm. Wir packten dann in eine alte Seekiste so viel Zeug, dass sie kaum mehr zu heben war, und baten Freunde, die uns nach Bremen bringen wollten, das angebrochene Wochenende noch mit uns gemeinsam zu verbringen, wozu sie natürlich allzu gerne bereit waren.

28. März: Für unseren stattfindenden Auszug von daheim und unseren Einzug ins Hotel hätten wir uns kein besseres Wetter wünschen können. Alles, aber auch wirklich alles war erfreulich.

Aufsehen erregte allerdings unsere Seemannskiste, als sie durch die Gänge unseres Hotels zu unserem Zimmer geschleppt wurde, sodass wir am anderen Tag mehrmals angesprochen wurden, wohin die Reise gehen solle und was zu tun wäre, um eine solche überhaupt antreten zu können.

Es war gut, dass wir da noch nicht ahnten, wie lange unser Aufenthalt in Bremen wirklich dauern würde.

Nachdem wir das Notwendigste für den Rest des Tages ausgepackt hatten, fuhren wir mit unseren Freunden in die Innenstadt, wo uns Gabi und Karl im »Club zu Bremen« begrüßten, der im Keller des Schüttinghaus am Marktplatz untergebracht ist. Sie haben sich in den vier Jahren, in denen wir nur voneinander gehört haben, nicht verändert.

Sie beköstigen diesen Club – böse Zungen behaupten: ein Konkurrenzprojekt einiger Bremer Kaufleute – und werden dabei von einem Koch, einem Kochlehrling und von Frauen unterstützt, die am Abend servieren.

Über den Räumen ein niedriges Gewölbe, das links und rechts von den mit Blei verglasten Fenstern, die auf Straßenhöhe angebracht waren, in dicke Pfeiler ausläuft. Der Lichteinfall war dadurch recht mäßig. Mit vielen Tisch- und Stehlampen bei den Sitzgruppen wurden die dunklen Räume freundlicher.

Die Einrichtung sehr schlicht und sparsam im Gegensatz zu der Küche, die mit einigen Fenstern zu einer Nebengasse hell und sehr modern eingerichtet war. Wie wir hörten, legen die Clubmitglieder großen Wert auf ein delikates Essen mit exzellentem Wein. Dabei Gespräche und im Nachhinein einen interessanten Vortrag, der von einem qualifizierten Redner gehalten wird.

Auf dem Heimweg zurück ins Lilienthal haben wir im »Münchner Kindl« eine Kleinigkeit gegessen und anschließend im Hause Siebert, von zwei wunderschönen Angorakatzen begrüßt, Kaffee getrunken. Die eine mit rötlichen Haaren, die andere mit einem wollweißen Fell, das wie mit einer mausgrauen Wasserfarbe überpinselt war.

Kennen gelernt haben wir uns in Schöningen, einer kleinen Stadt in Niedersachsen. Gabi und Karl hatten damals den dortigen Ratskeller gepachtet.

Und da Karl ein ausgezeichneter Koch ist, dazu die besten Weine im Keller gelagert hatte, haben wir oft mit unseren Geschäftsfreunden dort gegessen.

Daraus ergaben sich Gespräche, bei denen wir feststellten, dass die beiden sehr an Malerei interessiert und später von unserer Sammlung begeistert waren, die aus Ölbildern und Aquarellen des dänischen Malers William Hansen und Lithographien von Gerhard Kraaz bestand. Von A. Paul Weber hatten wir nur die Jahresbücher und seine Illustrationen in Büchern verschiedener Autoren, die es vor allem Karl angetan hatten.

Also besuchte er irgendwann den Künstler in Ratzeburg, verbunden mit den besten Grüßen von uns. Und dieser alte Herr war von dem jungen Mann so angetan, dass er ihm sofort drei Bilder schenkte – der Anfang dieser Sammlung im Bremer Haus. An der einen Wand der Diele Bild an Bild von Paul Weber, eine Sammlung, die ganz selten sein wird.

Und nun saßen wir hier also nach vier Jahren wieder zusammen und erzählten von damals in Schöningen und wie es uns inzwischen gegangen ist. Was waren das für wunderschöne Stunden! Und so ging es weiter an diesem ersten Tag in Bremen, denn das Abendessen sollte auch für uns im »Club zu Bremen« sein.

Ein Mitglied saß mit uns am Tisch. Er, Einkäufer für eine bekannte Kaffeerösterei in München und – es darf nicht wahr sein – ein Sammler von Bildern der verschiedensten Künstler aus dem Raum Bremen, sodass sich auch hier wieder alles um Malerei, um Wein und natürlich auch um das vorzügliche Essen drehte. Zu schade, um schon auseinander zu gehen!

Vielleicht noch einen gemeinsamen Bummel durch den Schnoor?

Einen Kurzbesuch im Studentenlokal »Kleiner Olymp«? Nun, von einem Kurzbesuch dort war bald nicht mehr die Rede, denn nachdem wir uns an den Lärm und an den Rauch gewöhnt hatten, wurde das Zusammensein mit den jungen Leuten recht lustig. Erst um drei Uhr am Morgen kamen wir ins Hotel zurück.

29. März: Etwas verschlafen, so um zehn Uhr, betraten wir das Frühstückszimmer und waren erstaunt, als das Frühstücksbuffet schon abgeräumt war, und noch mehr, als die junge Dame des Hotels uns erinnerte, dass in der vergangenen Nacht die Uhr um eine Stunde vorgestellt wurde. Das hatten wir total vergessen. Aber eine Tasse Kaffee und ein mit Butter bestrichenes Brötchen waren noch zu haben. So kamen wir nicht mit ganz leerem Magen zu Gabi und Karl, die uns zu einem Frühschoppen erwarteten.

Wir gingen zu Fuß, da das Haus nicht weit von unserem Hotel lag. Eine übrig gebliebene Windmühle am Weg, Gärten mit blühenden Osterglocken, Narzissen, Tulpen und, schon von weit her zu hören, Klaviermusik aus dem Haus. Herr Klasen war es mit Schlagern und Liedern, die Zarah Leander während des Zweiten Weltkrieges gesungen hat: »Ich weiß, es wird einmal ein Wunder geschehen« und »Ich steh im Regen und warte auf dich«, was zur Folge hatte, dass wir Älteren von den Filmen erzählten, die damals im Krieg gedreht wurden und in denen die Leander spielte, dabei an den von Karl servierten Getränken ein bisschen nippten, denn anschließend soll es in ein Jazzlokal auf den Höfen gehen.

Das ist eine kleine Café- und Restaurantzeile, wo sich an schönen warmen Abenden das Publikum drängelt, und sich am Sonntag die Liebhaber von Swing und Blues im Köben treffen. Heute war New-Orleans-Jazz angesagt. Wir bekamen noch oben hinter der Balustrade einen Platz und konnten somit alles übersehen. Die Band, die heute engagiert war, soll nicht nur einen New-Orleans-Jazz spielen, sie soll auch dort am Golf von Mexiko leben.

Es waren fünf dunkelhäutige Musiker mit ebenso vielen Instrumenten: Klavier, Bass, Saxofon, Trompete und Schlagzeug. Der Bass wurde gezupft und der Trompeter trat auch mal ans Mikrofon, um mit seiner rauchigen Stimme zu singen. Herr Klasen, unser Experte für Jazz, bestätigte in der Pause, dass das echter New-Orleans-Jazz sei. Auf unsere Frage, woran man diesen echten New-Orleans-Jazz erkennen kann, seine kurze Antwort:»On the blue notes.«

Viel gescheiter waren wir nun nicht, aber das war auch egal. Wir waren einfach von dem wilden, rhythmischen Spiel begeistert, das sich noch steigerte, wenn jeder der Musiker in einem der Musikstücke als Solist zu hören war. Herr Klasen wollte auf jeden Fall Gabi und mich am nächsten Sonntag wieder begleiten, sollten wir noch in Bremen sein.

Harald fand die Musik und das Publikum furchtbar und möchte deshalb lieber mit Karl in den Pub gehen, dessen Besitzer wir aus Niedersachsen kennen. Mit dem Publikum meinte er einige Paare, die unter uns knutschend auf dem Boden lagen und vollkommen vergaßen, dass ihre oder anderer Kinder mehr oder weniger interessiert zuschauten.

Nach dem Essen fuhren die Freunde mit unserem Auto zurück nach Süderstapel. Wir machten noch mit Gabi und Karl einen Spaziergang durch den Bürgerpark. Herr Klasen fuhr wie immer am Sonntag zu seiner Frau in die Klinik.

Wieder im Hause Siebert, warteten wir auf den Besuch von Margarete mit der kleinen Tochter Sonja und Lilien, die noch ledig und gerade 30 Jahre alt geworden ist. Deshalb wird sie am 11. April die Domtreppen fegen, eine alte und beliebte Sitte in Bremen. Der Ablauf vor dem Dom wurde geplant, ebenso, welchen Text die Anzeige in der Zeitung haben soll und wer die Einladung für das festliche Essen bekommen soll, das am Abend im »Club zu Bremen« in eleganter Kleidung stattfinden soll. Man rechnet mit ca. 100 Personen.

30. März: Noch keine Nachricht von der Reederei in Hamburg.
»Wenn wir das geahnt hätten, wären wir zu Hause besser aufgehoben gewesen«, meinte Harald. Aber ich freute mich jeden Tag über die Urlaubstage, die da vor mir lagen. Keine Hausarbeit, kein Essen kochen, keine Gartenarbeit, einfach Urlaub!

»Wir könnten ja zum Überseehafen fahren und schauen, wie groß unser Frachter sein könnte«, war mein Vorschlag. Für eine Hafenrundfahrt war es zwar zu spät, aber das Treiben dort war sehr interessant. Auf einem Frachter wurden Autos verladen, der andere nahm Container in allen Farben und Größen auf. Ein Schiff, auf dem noch gearbeitet wurde, sah mehr als komisch aus. Ein Aufbau mit Käfigen, dazu der Name »Al Shuwalkh« auf das Hinterschiff gemalt. Das mussten wir nun genau wissen – und wir hatten Glück! Ein Angestellter war so nett und erzählte uns die ganze Geschichte.

Der frühere norwegische Tanker »Erniken« wurde von der Werft Jos. L. Meyer zusammen mit der AG »Weser« zu einem Viehtransporter umgebaut. Dieses Schiff wird ein schwimmender Schafstall sein und für die Werft in Papenburg der 16. Umbau.

14 Stockwerke mit 1000 Abteilungen hat der Aufbau. 125.600 Schafe finden dort Platz und in einer Stunde können 5000 davon geladen werden. Trinkwasser gibt es den ganzen Tag über, zweimal werden die Schafe vollautomatisch mit Pressfutter versorgt. Mitte April wird der so genannte Schafstall die AG »Weser« unter der Flagge Kuwaits verlassen und von dänischen Offizieren und einer pakistanischen Mannschaft nach Australien geführt, wo es über 170 Millionen Schafe gibt, von denen 60 Millionen für die Ausfuhr bestimmt sind.

20 Tage etwa wird das 195 Meter lange Schiff von Australien nach Kuwait brauchen. 85 Mann Besatzung wurden dazu angeheuert, davon 60 Personen als so genanntes Viehpersonal. Diese Leute müssen auf der Rückfahrt das leere Schiff säubern, wobei der Mist der Schafe ins Meer geworfen wird, was das Algenwachstum fördern soll, so die Auskunft. Dies und dass mit einem Drittel

Verlust der Schafe gerechnet wird, hat uns doch etwas nachdenklich gemacht. Trotzdem erzählten wir Gabi und Karl recht angetan von diesem schwimmenden Schafstall, als wir uns am Abend in den »Schwarzwaldstuben« trafen.

Nach einem knusprigen Schweinebraten mit Spätzle und schwäbischem Kartoffelsalat kredenzte der Wirt den »Hexengeist« zusammen mit einem Gedicht, dessen Text mir leider abhanden gekommen ist. Und da wollte sich Harald zu Hause besser aufgehoben wissen!

31. März: Nach einem späten Frühstück fuhren wir mit der Straßenbahn in die Innenstadt. Dem St.-Petri-Dom am Marktplatz galt unser heutiges Interesse. Wir wollten dort an einer Führung teilnehmen.

Die Fischersiedlung entlang der Weser namens Bremun wurde bekannt, als der erste Bischof 787 im nun genannten Bremen geweiht wurde. Er, mit dem Namen Willebad, begnügte sich noch mit einer kleinen Holzkirche auf den Dünen, doch sein Nachfolger Willerich baute 805 eine aus Steinen, da die Gemeinde immer größer wurde.

Durch den Hamburger Erzbischof Ansgar, der nach einem Überfall von Normannen an die Weser übersiedelte, wurde der Bischofssitz Bremen im Jahr 846 zum Erzbistum. Im Laufe der kommenden Jahrhunderte bauten die jeweiligen Bischöfe nicht nur mit Steuergeldern und Zöllen immer mehr Kirchen, nein, sie bauten auch immer mehr ihre weltliche Macht aus. So amtierte Erzbischof Adalbert (1000–1072) auch als Berater des Kaisers, begleitete ihn, Heinrich III., nach Italien. Ließ sich dort von ihm Privilegien für das Erzstift Bremen ausstellen, um daraufhin eine romanische Pfeilerbasilika mit darunter liegenden Krypten in Bremen zu bauen, die schon damals das Längenmaß des heutigen Doms hatte.

200 Jahre später bekam die Basilika Türme, die allerdings mehrfach durch Blitzeinschläge zerstört wurden. Erst um die Jahrhundertwende (1895), als der Dom von Grund auf renoviert wurde, konnten auch die Türme vollendet werden.

Doch wieder zurück zum Jahr 1234, in dem Bremen ein eigenes Siegel und zahlreiche Bürgerrechte erhielt. Verschiedene Orden ließen sich damals innerhalb der Stadt nieder: Dominikaner mit dem Katharinenkloster, Franziskaner mit dem Johanniskloster und der Deutsche Ritterorden mit einer Komturei.

Im Jahr 1522 erreichte der religiöse Umschwung auch diese Stadt, denn der aus Antwerpen geflohene Augustinermönch Heinrich von Zütphen brachte Luthers Thesen aus Wittenberg mit. Und da den reichen Bremern, inzwischen Hanseaten, die Ablassgelder nach Rom schon lange ein Ärgernis waren, traten sie bald dem evangelischen Schmalkaldischen Bund bei (1531) und verteidigten dem Klerus gegenüber ihr Stadtrecht. Bremer Kirchen stellten nach und nach lutherische Prediger ein. Eine Schule im Katharinenkloster ersetzte zum Beispiel die Lateinschule im Dom. Kurzum – von da an schlug der Machtpegel immer mehr von der kirchlichen zu der weltlichen Seite.

Im Querschiff des Südflügels befinden sich Grabplatten von Bischöfen und auch die des Schriftstellers Adolf Freiherr von Knigge. Wohl deshalb, weil er nicht nur das Buch »Über den Umgang mit Menschen« geschrieben hat, sondern sich auch sehr bemühte, den recht kaufmannsfreudigen, aber weniger kunstfreudigen Bremern klar zu machen, dass ein Theater das Leben einer Stadt bereichert. So wurde nach moralischen Bedenken 1792 am Ostertor das Schauspielhaus eröffnet.

1966 wurde das Nordschiff um eine Bachorgel bereichert, und über dem bronzenen romanischen Taufbecken aus dem Jahr 1230 werden jetzt wieder Kinder der Stadt Bremen getauft.

Den 98 Meter hohen Turm über 265 Stufen zu erklimmen, wollten wir an einem anderen Tag nachholen. Wichtiger schienen uns die Mumien, acht Stück an der Zahl, die in gläsernen Särgen liegen.

Gruselig, die älteste aus dem Jahr 1450, die anderen aus dem 17. und 18. Jahrhundert. Sie blieben so gut erhalten, weil in dem Keller auch die konservierenden Bleiplatten für die Reparatur des Domdaches aufbewahrt waren.

Dem Leser wird es jetzt nicht anders gehen als uns damals bei der Führung. Zahlen, Zahlen schwirrten im Kopf und auf dem Papier, auf das ich sie kritzelte! Wir waren hundemüde und wollten in dem Dom noch eine stille Einkehr halten. In Ruhe die nach der letzten Restaurierung wieder eingetretene Farbigkeit betrachten, von der unser Dombegleiter ganz begeistert war.

Anschließend nur noch eine Erfrischung im »Rats-Café«, dann zurück ins Hotel zu einer Stunde Ruhe, denn um 19 Uhr wurden wir schon wieder von Gabi abgeholt. Herr Klasen hat uns zu sich eingeladen.

War Bremen schon 850 wegen seiner günstigen Lage an der Weser und wegen der Nähe der Würdenträger ein Anziehungspunkt von Händlern, so erlebte die Stadt im 13. Jahrhundert eine Zeit des Fern- und Binnenhandels auf der Weser, die allerdings immer mehr versandete, sodass ein künstlicher Seehafen nötig war, der dann auch 1619 in Vegesack angelegt wurde.

1902 erreichten die ersten Bananen Bremen, Ananas und Zitronen allerdings schon ein paar Jahrhunderte zuvor. Dem folgten Tee, Tabak, Reis, Gewürze und viel Baumwolle, sodass die Stadt Bremen als Baumwollstadt in den Ländern des Anbaus bekannt war. Und – sie wurde zu einer Kaffeestadt. So gab es schon Anno 1700 im Schütting eine Kaffeestube, wenn auch das Getränk anfangs umstritten war, denn zu viel davon, so war die Meinung, mache impotent. Das ist inzwischen vergessen, denn heute kommt jede zweite Tasse Kaffee aus einer Rösterei in Bremen. Andere entlegene Firmen lassen ihre Einkäufer in der Stadt die grüne Bohne aussuchen. »Eine nicht immer leichte Aufgabe«, so unser heutiger Gastgeber.

Überaus herzlich wurden wir von ihm und seinen drei Kindern vor dem Haus begrüßt. Er entschuldigte sich, dass der Garten nicht sehr gepflegt wird und auch die Terrasse, über die man das Haus betritt, nicht gerade einladend aussieht. Aber das störte uns nicht, denn wir wussten, dass die Frau und Mutter seit Monaten in einer Klinik liegt. Brigitte und ihre Brüder, alle noch Schüler, versuchen mit einer Putzhilfe so weit wie möglich den Haushalt in Schuss zu halten. Bewundernswert, wie sie dabei reizend und wohl erzogen sind, mit dem Vater zusammen eine Gemeinschaft und froh, wenn er, außer dem obligatorischen Krankenhausbesuch, auch noch etwas Privates unternimmt.

Im Wohnzimmer ein kleiner Kamin, in dem ein Feuer brannte, das diesen so düsteren Raum etwas aufhellte. Jegliche Harmonie fehlte. So waren die Bilder von Landschaften, das Porträt eines entzückenden kleinen Mädchens und das eines alten Mannes ungeschickt und willkürlich aufgehängt. Ein roter Wandbehang mit langen Fransen hinter einem typisch englischen Ohrensessel, dessen karierter Überzug sich mit dem Rot des Behanges weh tat. Dunkle Schranktüren unterbrachen die weißen Bücherregale und moderne Lichtquellen, in die braune Zimmerdecke eingelassen, machten das warme Licht einer Tischleuchte streitig. So die Diele, so die Küche, aus der wir Gläser und Bestecke holten.

Harmonisch war allerdings wieder unser Zusammensein. Schön und appetitlich anzusehen die »Canapés«, die Karl auf einer großen Platte mitbrachte. Winzig kleine Fähnchen mit den Kennzeichen von Kanada, Schleswig-Holstein und Bremen verzierten sie. Dazu ein Bordeaux und für Karl und Harald eine dicke Zigarre aus Kuba.

Das Schönste an diesem Abend aber war, dass Herr Klasen auch mal seine Pfeife aus dem Mund nahm, um mit uns herzlich zu lachen, wenn wir dazwischen blödelten. So ging also dieser lange Tag, unser vierter in Bremen, recht fröhlich zu Ende.

1. April: »Harald, steh auf – die ‚Warschau' ist da!«
»Was?!« Und schon war er aus dem Bett.
»April, April!«, sagte ich.
»Das war gemein!«
Und als ich das enttäuschte Gesicht sah, war es auch so. Diese Reise auf einem Frachter war für mich ein Abenteuer – für ihn die Erfüllung eines lebenslangen Wunsches. Und so nahm ich mir vor, diese Wochen auf dem Schiff auch so zu betrachten und auch so zu erleben, ob es mir nun an Bord gefallen wird oder auch nicht.

Auf dem Weg zur Stadt wollten wir noch den Turm des Doms besteigen, aber dann waren wir von dem Betrieb auf dem Marktplatz so fasziniert, dass wir an einem freien Tisch vor dem »Rats-Café« diesem Treiben zuschauten. Kein Wunder, dass die Bremer von ihrer guten Stube reden.

Da wird musiziert, sitzend oder liegend geschmust, heftig diskutiert oder trotz des Steinpflasters auf dem Bauch gelesen, ja sogar mit aufgeschlagenem Buch gelernt oder studiert. Dazwischen Rollschuhfahrer, Frauen mit Einkaufstaschen, Touristen, die sich selbst oder den Dom und das Rathaus fotografieren. Ernste Herren, in dunkle Anzüge gezwängt, die Aktentasche in den Händen und blitzblank geputzte Schuhe an den Füßen, und solche Leute wie wir, die auf dem Platz einfach Siesta halten. Den Roland wollten wir uns noch genauer ansehen, auch durch die Böttchergasse gehen, denn die »Warschau« könnte vielleicht doch schon morgen einlaufen.

Der Roland. Ein Jahr bevor der Bau des Rathauses angefangen wurde, also 1404, stellten die inzwischen recht selbstbewussten Ratsherren diesen Ritter auf den Marktplatz. Er sollte ein sichtbares Symbol der Bremer Freiheiten sein. Allerdings – dieser nun aus Sandstein, da sein hölzerner Vorgänger von dem damaligen Erzbischof 1366 abgebrannt wurde. Er war über die bürgerlichen Bestrebungen nach Macht erbost.

Deshalb blickt der neue Roland direkt auf das Domportal, um die Vorgänge dort zu überschauen. Zwischen seinen Füßen liegt ein stark verwitterter Kopf als Zeichen der Gerichtshoheit des Bremer Rats. Er ist mit seiner Größe von zehn Metern nicht zu übersehen und mit dem hübschen Eisengitter rundherum auch geschützt. Er gehört einfach zu dieser Stadt, so wie die Bremer Stadtmusikanten, die an der Westseite des Rathauses zu sehen sind. Geschaffen von dem Bildhauer Gerhard Marcks und berühmt geworden durch das Märchen der Gebrüder Grimm.

Und so wie den Roland und wie die Bremer Stadtmusikanten hat fast jeder Fremde auch die Böttcherstraße in seinem Programm. Eigentlich ist es ja nur ein hundert Meter langes Gässchen, das den Marktplatz mit der Weser verbindet und in dem früher mal von den dort wohnenden Böttchern Dauben zu Fässern zusammengefügt wurden.

Ab 1902 kaufte Ludwig Roselius, der Erfinder des koffeinfreien Kaffee HAG, einige marode Häuser. Dann nach und nach die gesamte Gasse, die in seinem Auftrag neu gestaltet werden soll. So die rechte Straßenseite von den Bremer Architekten Runge und Scotland in traditioneller Bauweise, die linke in neuer Form von dem Worpsweder Künstler Bernhard Hoetger. Allerdings alle Fassaden aus rotem Backstein.

Gleich am Eingang, vom Marktplatz kommend, das Paula-Modersohn-Becker-Haus, in dem sich ein Museum mit den bekanntesten Bildern der Künstlerin befindet. Gegenüber von Scotland / Runge das Sieben-Faulen-Haus. Beide Häuser verbindet das goldglänzende Relief des Bernhard Hoetger. Lichtbringer nannte er es, wohl weil der Erzengel Michael den Höllendrachen besiegt. Aber auch, weil er während seines Aufenthalts in Frankreich von den Monumentalwerken in klassischem Maß des Franzosen Auguste Rodin sehr beeindruckt war.

Rainer Maria Rilke, dessen Frau Clara Westhoff Rodins Schülerin war – er selbst bis zum Bruch der Freundschaft (1906) sein Sekretär –, beschreibt in dem Buch »Auguste Rodin« dessen Arbeiten unter anderem so: »... der von den unendlich vielen Begegnungen des Lichtes mit den Dingen ausging ...« Und genau das ist auch in Hoetgers »Himmelssaal« im Atlantishaus zu sehen, denn auch dort sind unendlich viele Begegnungen des Lichtes mit den Dingen vorhanden. Später ging dann Hoetger seinen eigenen Weg, löste sich von dem Vorbild Rodin.

Den Handwerkshof mit Glasbläsern, einer Goldschmiede und Töpfern erreicht man durch den Vorraum des Paula-Modersohn-Becker-Hauses. Gegenüber das wunderschöne Backsteingiebelhaus von 1588. Ludwig Roselius wollte es nur zu seinem Museum gestalten. Aber durch das erlesene Mobiliar aus dem 14. bis 18. Jahrhundert, durch das Zinngeschirr, die kunstgewerblichen Kostbarkeiten und die Gemälde (z. B. Lucas Cranich d. Ä.) ist es ein Haus, das den Besuchern zeigt, wie die Bremer Patrizier mal wohnten, und in dem es sich auch heute noch gut wohnen ließe.

Daneben, fast zu übersehen, der schmale Eingang in den Hoetger-Hof mit den Skulpturen des Künstlers. Und wieder dicht daran das Haus des Glockenspiels. Wenn die 30 Meißner Porzellanglocken klingen, zeigen auf einer rotierenden Trommel Holztafeln die Geschichte von Persönlichkeiten der See- und Luftfahrt. Wieder ein Produkt Hoetgers und meines Erachtens eine Idee zu viel, denn statt diesem schönen Glockenspiel ganz ruhig zuzuhören, wird man nicht nur von den vielen Menschen geschoben, nein, man wird auch noch von der rotierenden Trommel davon abgelenkt.

Gegenüber das St.-Petrus-Haus. Zwei Löwen davor bewachen den Bremer Schlüssel. Auffallend die wuchtigen Spitzbögen über dem Erdgeschoss, das ein Fischrestaurant und eine Weinstube beherbergt. Wir haben dort etwas gegessen und auch dort erfahren, dass diese Lokalitäten von einer Spielbank abgelöst werden sollen. Auch dass der Sohn und Erbe Roselius alles an die Bremer Sparkasse verkauft hat, die Kunstsammlung also der Stadt gehört, und das Gerücht umgeht, eine Hotelkette wolle das Atlantishaus kaufen.

Wir können es uns nicht erklären, aber seit wir wissen, dass eine Sparkasse diese Gasse besitzt, war sie für uns nicht mehr dieselbe. Oder war es, dass dort mal eine Spielbank sein soll? Vielleicht waren wir auch müde, ein ruhiger Tag würde uns Morgen gut tun. Deshalb ganz schnell ins Hotel zurück und früh zu Bett.

2. April: Wir haben lange geschlafen und ganz gemütlich gefrühstückt. Während Harald die Zeitung las, habe ich meine Haare gewaschen und Karten geschrieben. Kurz vor dem Mittagessen im Hotel ein Anruf von Gabi, dass sie uns am Abend zu einer Fotoausstellung am Ostertor abholen.

Das Ostertor wird einfach das Viertel genannt. Wir haben ja schon bei dem Konzert auf den Höfen einen Teil davon gesehen. Heute sollen wir nun den täglichen Betrieb kennen lernen. Die Geschäfte mit exklusiver Damen- und Herrenmode, daneben Schmuck aus allen Ländern. Dazwischen Türken, die exotisches Gemüse und Obst anbieten, und kleine so genannte Tante-Emma-Läden, die noch die Gläser mit Bonbons gefüllt auf der Theke stehen haben. Da noch eine Boutique und dort eine Kunstgalerie.

Auf der Straße gemischtes Volk, das nicht nur im Aussehen durch Gesichtsfarbe oder durch die Augenform auffällt, nein, sie waren auch in Bildung, Herkunft und politischer Meinung ganz verschieden. Trotz enger Nachbarschaft leben sie aber sehr friedlich, nehmen teil an dem anderen, und als es nötig war, kämpften sie gemeinsam gegen eine Zubringerstraße zur Autobahn.

Schöne, wenn auch alte Häuser sollten abgerissen werden. Also wurden sie von jungen Leuten besetzt, worüber ja genug in der Presse zu lesen und im Fernsehen zu sehen war. Aber leider dann später wenig zu hören, wie klug der Bremer Senat letztlich reagierte.

Er übergab die Häuser den jungen Männern und Frauen, die nun als stolze Hausbesitzer ihren Besitz renovieren und pflegen. Am Fenster der noch nicht fertigen Häuser kleben Zettel mit dem Text: Bitte nicht besetzen, wird noch renoviert ... mit Namen und Adresse darunter. So verändert Besitz. Was mir allerdings auch auffiel, dass die Kinder, die dort noch auf der Straße waren, nicht besonders gepflegt ausschauten.

Dann zu der Eröffnung der Fotoausstellung. Wie immer, und egal wo, eine Menge Leute mit einem Glas Sekt in der Hand. Je nachdem, Frauen mit viel Schmuck und Diamanten im Ohr wie auch Frauen in lässigen langen Röcken und Sandalen, Indianerschmuck um den Hals gebunden. Genauso Herren im Designer-Look, gepflegte Hände mit manikürten Fingernägeln, wie andere in einer Schlabberhose, wirrem Haar oder glatt rasiertem Kopf. An den Händen Farbe, Hände, die Kunst schaffen.

Aber eines hatten sie alle gemeinsam, sie klopften dem Fotografen anerkennend auf die Schulter und freuten sich je nach Temperament, wenn sie Bekannte entdeckten. Und weil das bei uns nicht der Fall war und vor lauter Menschen die Fotos auch kaum zu sehen waren, stellten wir uns am Eingang an eine leere Wand und freuten uns, dass Gabi und Karl in diesem Kreis so bekannt und, nach den vielen ausgeteilten Küsschen zu urteilen, auch beliebt sind.

Anschließend gab es bei Sieberts noch ein Abendessen. Karl hatte das Menü schon vorbereitet, veredelte es noch mit Gewürzen und sonst noch was, wie wir es von ihm gewöhnt sind. Einfach köstlich!

Sehr spät sind wir aufgebrochen. Der kurze Weg zum Hotel tat uns gut – aber wo bleibt unsere »Warschau«?

3. April: Geplant war für heute, an einer Rundfahrt im Hafen teilzunehmen. Aber dazu hatte Harald am Morgen keine Lust. Es wäre doch ein Blödsinn. Irgendwann würde dort die »Warschau« anlegen, und bis sie wieder mit allem Möglichen beladen ist, hätten wir zu einer Hafenrundfahrt noch genug Zeit.

»Dann spazieren wir durch den Schnoor und schauen bei Margarete und Lilien vorbei.« Also fuhren wir wieder in die Stadt zum Marktplatz, denn er ist einfach der Punkt, von dem aus fast alles Sehenswerte zu erreichen ist und der einem jedes Mal etwas Neues bietet.

So war heute eine Gruppe junger Leute beim Singen. Sie wurde von zwei Gitarrenspielern begleitet. Nicht weit davon, angelehnt an das Gitter um den Roland, spielte ein Mann auf seiner Geige. Keine fröhlichen Melodien, traurig klangen sie und voller Heimweh nach irgendeinem Land oder einem Menschen. Und so wie uns erging es den anderen Passanten. Auch sie blieben zuerst kurz stehen, gingen ein paar Schritte weiter, zögerten, kamen nochmals zurück, um ein paar Münzen in den offenen Geigenkasten zu werfen.

Die Straße zwischen dem Dom und dem Haus der Bürgerschaft endet mit Stufen, die zu einer stark befahrenen Straße führen. Also vorsichtig auf die andere Seite, nochmals einige Stufen hinunter, und schon waren wir auf der geraden Straße zum Stavendamm, der noch zum Schnoor gezählt wird und wo es früher durch die Badestuben, die dort angesiedelt waren, recht sittenlos zugegangen sein soll. Es ist heute eine hübsche Ecke. Manche Häuser sind bis unter das Dach mit verschiedenen Kletterpflanzen bewachsen. Davor wird Kunst angeboten und der Brunnen der Badenden vom Bildhauer Jürgen Cominotto bewundert.

Der Schnoor ist das älteste Viertel der Stadt und wurde im letzen Weltkrieg nur wenig zerstört. Seine Baugeschichte reicht bis weit in das 15. Jahrhundert zurück, und manche Häuser aus dem 16. und 17. Jahrhundert sind so verziert, dass man annehmen kann, dass damals auch im Schnoor reiche Bürger wohnten.

1959 beschloss die Bürgerschaft ein Gesetz, das die neue bauliche Gestaltung des Schnoors und die Umgebung der St.-Johannis-Kirche betraf.

Diese Kirche ist die katholische Propsteikirche St. Johann, das älteste Bauwerk von 1350 und der einzige erhaltene gotische Sakralbau der Stadt. So nach und nach entstanden rundherum Einrichtungen der Kirchengemeinde, sodass die Bremer diesen Komplex »Klein Vatikan« nennen.

Der Schnoor wurde also restauriert, was für viele alteingesessene Bewohner der Anlass war wegzuziehen, Platz zu machen für die Künstler und Kunsthandwerker, die nun in den kleinen, ja winzigen dicht aneinander gedrängten Häusern wohnen. Da ist das eine Haus in pink angemalt, das andere in gelb oder lindgrün. Dort Ständer mit Ansichtskarten vor dem Laden, daneben flatternde T-Shirts im leichten Wind. Dort das moderne Aushängeschild eines Friseurs, nicht weit weg ein ganz altes des Juweliers. Da die Gedenktafel an die Synagoge, die im November 1938 abgebrannt wurde, und dort immer noch das »Hochzeitshaus«, ein kleines Hotel, das die auswärtigen Paare früher als Wohnsitz angaben, um im Dom zu Bremen getraut zu werden.

Im Schifferhaus, das 1750 im Stil des Rokoko umgebaut wurde, ein Museum, in dem das frühere Alltagsleben aufgebaut ist, und etwas weiter das Schnoor-Archiv, in dem man in alten Dokumenten stöbern kann. Dazwischen Restaurants für Schnellesser, aber auch Speiselokale, in denen die Tische sehr gepflegt eingedeckt sind. Und nicht zu vergessen die Cafés, wobei einem meist das Katzen-Café mit seinem wunderschönen Garten empfohlen wird, was zur Folge hat, dass kein einziger Stuhl frei ist.

Man geht also im Schnoor zwischen amerikanischen und japanischen Touristen leicht und fröhlich über das Kopfsteinpflaster, glaubt in einer Puppenstadt zu sein und stößt dann, welch ein Glück, auf ein kleines Häuschen mit Windrädern aus bunter Pappe davor. Margaretes und Liliens kleiner Laden!

Da gibt es hübsches bemaltes Briefpapier für Kinder und solches für die Damen. Genauso hübsches, ausgefallenes Papier, um Geschenke einzupacken. Geschmackvolle Aufkleber und Bänder für jeden Anlass, entzückende Bilderbücher und Bastelbögen für die Kleinen. Alles war in zarten Farben gehalten, sparsam ausgelegt das Angebot in den Regalen, sodass es schon wieder elegant war und zu der zierlichen Lilien passte, die heute alleine da war und uns nicht, wie in den anderen Geschäften üblich, einen Kaffee oder ein alkoholfreies Getränk anbot. Nein, es wird natürlich hier aus hauchdünnen Tassen Tee getrunken. Wir versprachen, am 11. April beim Kehren der Domtreppen dabei zu sein, aber nicht zu dem festlichen Essen im »Club zu Bremen«, da wir in unsere Seemannskiste keine elegante Kleidung gepackt haben.

In dem Bistro am Marktplatz bekamen wir noch vor der Mittagspause ein Essen, das gut schmeckte und uns wohl tat, da das Lokal nur noch wenig besucht war. So gingen wir wieder frisch und munter die wenigen Schritte zum nahen Hof der Liebfrauenkirche, auf dem der Blumenmarkt abgehalten wird.

Wir brauchten einen Strauß für den Besuch bei Edith, der Tochter unseres Schwagers Hermann, den wir im Januar begraben haben. Sie wohnen in einer der schönen Villen am Osterdeich, arbeiten viel zu viel und haben wenig Zeit für einen privaten Besuch. Wenn möglich würden sie uns zu gern auf dem Frachter besuchen. Thomas brachte uns in das Hotel zurück, wo leider keine Nachricht aus Hamburg vorlag.

4. April: Heute morgen zum ersten Mal der Himmel verhangen, es sah aus, als würde es bald regnen. Das war natürlich nicht das Wetter, das wir uns für die Fahrt nach Bad Zwischenahn gewünscht haben. Heute frage ich mich, warum wir überhaupt dort hinwollten, ich habe es total vergessen.

Ich denke, wegen der Fahrt durch eine schöne Landschaft mit grünen Wiesen, darauf kauende schwarz-weiße Kühe, und wohl noch mehr wegen der hübschen Häuser im Museumsdorf. Riesengroße geräucherte Schinken hingen dort von der Decke und der Aal durfte mit den Fingern gegessen werden, was zur Folge hatte, dass danach eine Handwaschung nötig war. Nicht mit Wasser, das inzwischen draußen vor der Tür reichlich floss. Nein, man glaubt es nicht, ein echter Korn wird dazu genommen!

An einen anschließenden Spaziergang im Kurpark war bei diesem inzwischen nasskalten Wetter nicht zu denken. Wie wäre es, wenn wir nach Oldenburg fahren würden? Ach nein, wir froren in unseren dünnen Blusen. »Dann bleibt nur noch, wieder zurück nach Bremen oder noch ein Stück weiter nach Worpswede zu der Paul-Weber-Ausstellung«, so Karl.

»Was, eine Paul Weber-Ausstellung – das ist eine tolle Idee!«

Also wieder zurück, wenn auch jetzt im Regen und mit Kühen auf den Weiden, die ihr Hinterteil dem immer stärkeren Wind entgegenstemmten. Und als wir endlich das Haus gefunden hatten, war die Ausstellung geschlossen. Karl erkundigte sich im Nachbarhaus, wer die Ausstellung leitet und wo derjenige zu finden ist. Nach wenigen Minuten kam er mit zwei Damen zurück, die für uns nochmals öffneten.

Sie waren aus Stuttgart und wollten mit dieser Ausstellung versuchen, ob auch mal eine andere Kunstrichtung hier Anklang finden könnte. Immer nur Paula Becker, Otto Modersohn, Fritz Mackensen, Fritz Overbeck und Heinrich Vogeler. Immer nur Motive aus dem Moor und dem flachen Land mit den Gärten voll Sonnenblumen, Mohn und Rhododendron. Also ein Gegensatz mit Paul Weber, er hätte nicht größer sein können!

A. Paul Weber, das große A steht für Andreas, wurde am 1. November 1893 im thüringischen Arnstadt als viertes Kind eines Beamten geboren. Er war wie die Mutter künstlerisch begabt, besuchte die Realschule und beschäftigte sich sehr früh mit bebilderten Büchern und Bildern.

Während des Ersten Weltkrieges, er war Soldat und als Künstler ein Autodidakt, sind seine ersten Zeichnungen erschienen. Danach illustrierte er Bücher, was von verschiedenen Stellen recht kritisch beobachtet wurde, da die Zeichnungen das Wesen der Gegenwart zeigten, er ein Gespür für alle Schwächen der jeweiligen Gesellschaft hatte. Sei es die Unmenschlichkeit, die seelenlose Bürokratie oder amoralische Wissenschaften.

Der Anschluss an den Widerstandskreis um Nikisch, dessen Kampfschrift »Hitler, ein deutsches Verhängnis« er illustrierte, brachte Paul Weber 1937 in das Konzentrationslager Fuhlsbüttel, dann in den Alex in Berlin und später nach Nürnberg. Nur glücklichen Umständen verdankte er die Entlassung in sein Haus in Schretstaken bei Mölln, das er 1936 kaufte. Trotzdem lebte er nach 1946 noch oft am Rande des Existenzminimums, bis er zum Professor ernannt wurde, 1971 das große Bundesverdienstkreuz erhielt und 1973 auf der Dominsel in Ratzeburg ein eigenes Museum.

Wenn man sich mit Paul Weber beschäftigt, so wie auch hier mitten einer kleinen Galerie mit nur wenigen Zeichnungen, aber mit vielen seiner Jahresbücher, fragt sich jeder, wie er schon 1932 ahnen konnte, was Hitler an Leid bringen wird. So seine Lithographie »Das Verhängnis«. Ein unüberschaubarer Zug von Hakenkreuzstandarten und Hakenkreuzfahnen marschiert einen Hang hinauf, stürzt von dessen Höhe hinunter in einen Sarg, der ebenfalls ein Hakenkreuz trägt.

Oder »Spekulant auf Heldentod«. Ein Produzent von hölzernen Grabkreuzen legt sich einen unübersehbaren Vorrat an. Oder der Reiter, der, als er schon in den Abgrund springen wollte, Schiller zitiert: »Wäre es möglich, könnte ich nicht mehr, wie ich wollte, nicht mehr zurück, wie es mir beliebt?«

Düster scheinen die Zeichnungen zu sein und düster auch seine zeitkritischen Blätter in den später folgenden Jahresbüchern. Fabulös, skurril, verzweifelt, satirisch, sarkastisch und manchmal böse, so die verschiedenen Meinungen. Aber sind wirklich alle düster?

Welch ein Schalk in »Wie sagen wir es dem Volke?«, was sich der König und der Hofnarr fragen (1943). »Die Bäuerin« (1937), die am Weg hockt und ihre Notdurft verrichtet. Köstlich »Swinegel und Haas« (1949), »Die Exklusiven« (1968), Damen und Herren, die an die Jahre von 1928 erinnern, und »Don Quichotte« (1959), dessen Pferd bei einer kurzen Rast seine Vorderbeine überkreuzt!

Ich könnte noch so viele seiner Lithographien, seiner Handzeichnungen beschreiben und auch von ihm, dem Künstler, so viel noch erzählen. Wir hatten einfach das Glück, ihn zu kennen, wovon die beiden Damen nur träumen. Sie waren erstaunt, dass A. Paul

Weber einem Widerstandskreis angehörte, und noch mehr, dass auch Harald, wenn auch in einer anderen Gruppe, im Widerstand aktiv war. Das war ja der Grund, der die beiden Männer nach dem Krieg zusammenführte.

Der Regen hat inzwischen nachgelassen, sodass wir doch noch zu dem Barkenhoff fahren wollten, den Heinrich Vogeler kaufte und mit seinem Bild »Sommerabend« das Treffen am Sonntag mit Freunden festhielt. Paula Becker und Ehemann Otto Modersohn, Rainer Maria Rilke mit Ehefrau Clara Westhoff, Martha, seine Frau, und er selbst fast verdeckt von den Musikern. Diese Künstlerkolonie, ein Dorf im Teufelsmoor, wurde 1889 von Fritz Mackensen, Otto Modersohn und Hans am Ende gegründet.

Doch der Barkenhoff wurde gerade renoviert. So gingen wir zu einem weniger einladenden Haus mit verwildertem Garten davor, in dem auch Bilder an der Wand hingen. Vielleicht war der Tag wieder zu voll gepackt mit Neuem, Anregendem und Aufregendem, denn wir schlenderten lustlos von einem Bild zum anderen, was zu uns absolut nicht passt.

Fast fluchtartig verließen wir das Haus, um draußen zuerst mal frische Luft zu schnappen und um anschließend im »Café Worpswede« einzukehren, das von Bernhard Hoetger gebaut wurde. Von ihm auch im Park, in dem das Kaffeehaus liegt, auf einem Sockel aus Ziegelsteinen eine lachende Buddhafigur, die eigentlich fehl am Platze wirkt, sofern der Besucher nicht weiß, dass sie der im Garten von Auguste Rodin in Meudon stehenden Figur ähnlich ist, die auch von Rainer Maria Rilke in einer allerdings lyrischen Nachbildung als Schlussstück »Buddha in Glorie« im Band seiner »Neuen Gedichte« beschrieben wird.

Das »Café Worpswede« – oder wie es im Volksmund genannt wird: das »Café Verrückt« – ist ein Fachwerkbau von 1925. Um eine weiche Form zu erreichen, hat Hoetger die Entwürfe in Ton geformt. Und er schrieb an das Haus: Wer't mag, der mag't, und wer't nicht mag, der mag't ja woll nich mögen.

Wir mögen es und hoffen, irgendwann dieses Worpswede mit

all seinen Schätzen damaliger Maler nochmals zu sehen. Wieder im Hotel, haben wir zu Hause angerufen. Alles in Ordnung, und auch wieder ein klarer Abendhimmel.

5. April: Wir, Gabi, Herr Klasen und ich, waren heute wieder auf den Höfen. Jazz war angesagt und das Publikum ein ganz anderes als vor einer Woche. Harald hätte es bestimmt gefallen. Aber er wollte nun mal lieber mit Karl zum Frühschoppen im »Köllschen«.

Im Köben war gerade eine Pause und die Plätze oben hinter der Balustrade besetzt. So setzten wir uns an einen kleinen Tisch, der etwas von den Instrumenten entfernt stand, dort wo letzten Sonntag sich auf dem Boden einige Paare knutschten. Ein Herr ohne Begleitung bat uns, Platz nehmen zu dürfen, worüber wir nicht gerade begeistert waren. Es wäre aber schade gewesen, wenn er es nicht getan hätte.

Das Vibrafon neben dem Schlagzeug machte uns neugierig und noch mehr die vier Musiker, klein, untersetzt und rabenschwarz, als sie sich zu ihrem Instrument setzten oder stellten. Und dann ging es los! Ich weiß nicht, ob es mir gelingt, das zu beschreiben, was nun im Köben lief! Ich lasse deshalb viel lieber diesen Herrn am Tisch zu Wort kommen, der diese Art von Jazz mit einem Schuss Rock schon in den sechziger Jahren erlebte und uns davon in einer erneuten kleinen Pause erzählte.

Er studierte damals in Berlin, als Lionel Hampton mit seiner Big Band im dortigen Sportpalast auftrat. Er erzählte von dem Orchesterchef, der zwischen dem Vibrafon und dem Schlagzeug hin- und hersprang und mit den rhythmischen Orgien seiner Band das Publikum zu einer Raserei brachte, dass reihenweise Bänke zu Bruch gingen.

Und genauso war es hier, wenn auch alles heil blieb. Was für ein Gefühl für Rhythmus, was für eine Show des Schlagzeugers mit dem Vibrafon und was für ein Swing, ein Beat, ein Jazz wurde da gespielt, so wie es bisher noch keiner von uns erlebt hat. Und der Herr am Tisch war voller Lob über diese Darbietung. »Respekt, Respekt«, sagte er immer wieder und hörte nicht mehr auf zu klatschen.

Fast betäubt von diesem Erlebnis und natürlich auch von dieser lauten Musik trafen wir im »Köllschen« ein, wo Karl mit Harald und einem mir fremden Herrn bei einem Glas Bier saß. Es war Herr Becker, im Lokal »Mister Zicke« genannt, der das am Sonntag stattfindende Hafenkonzert leitet und auch selbst Musikstücke komponiert, wenn auch anderer Art als die, die wir kurz davor hörten.

Harald meinte, ich würde müde aussehen. Das war ich auch. Ich wäre nach der heißen Suppe lieber ins Hotel gefahren. Doch wir haben Herrn Klasen versprochen, ihn heute Nachmittag in die Klinik zu begleiten, worüber er sehr froh war.

So hatte ich noch Zeit, mit dem Besitzer des Lokals über gemeinsame Bekannte in Niedersachsen zu plaudern, Zeit, mir die Gäste anzusehen, die wieder wie letzten Sonntag nur aus Männern bestehen. Gabi und ich waren hier die einzigen Frauen.

Sollte das ...? Ja, so war es.

Die Klinik liegt weit außerhalb Bremens, mit einem wunderschönen Park rundherum. Aber nicht nur das Gebäude war auffallend modern, auch die Behandlung, die Methoden der Heilung dieser Kranken sei auf dem neuesten Stand. Der Treppenaufgang und auch das Krankenzimmer war durch große Fenster hell, aber sonst? Keine Blumen am Fenster und auch nicht auf dem Nachtschrank. Kein Foto von Angehörigen, einfach nichts Persönliches war zu sehen, und genauso kühl, genauso farblos lagen die beiden Frauen in den Betten.

Es war also ein Zweibettzimmer, in dem die ältere Dame am Fenster lag, Frau Klasen bei der Tür. Eine Frau, die, für uns überraschend, jünger war als erwartet. Doch in diesem hübschen Gesicht mit dem gleichmäßigen Teint keine Regung, als wir in das Zimmer kamen. Vielleicht ganz kurz ein bisschen Neugier in ihren Augen, wer wir wohl sein könnten. Keine Freude war zu sehen an dem wirklich hübschen Frühlingsstrauß, den wir mitbrachten. Erst als Herr Klasen einen Kuchen auspackte und Zigaretten auf die Bettdecke legte, kam etwas Leben in diese Frau. Tiefe Züge an der Zigarette waren für sie sichtlich ein Genuss. Aber wir? Sie schaute durch uns durch, schaute uns auch mal kurz an, aber gesehen hat sie uns wohl nicht, oder auch nicht sehen wollen.

Herr Klasen sagt ihr, wer wir sind. Er erzählt, dass der Kuchen von der Tochter gebacken ist. Er spricht von den guten Schulnoten, von dem ersten Verliebtsein des Ältesten. Erzählt von sich, von Gabi und Karl, von dem Jazzkonzert auf den Höfen und richtete ihr liebe Grüße von den Nachbarn aus. Wieder keine Reaktion. Sie bittet ohne Worte um das Tablett, auf dem der Kuchen, der Kaffee mit Milch und Zucker stehen. Isst den Kuchen, trinkt den Kaffee, raucht eine zweite Zigarette, gibt ihrem Mann das Tablett zurück, wischt noch einige Kuchenkrümel von der Bettdecke, legt die Packung Zigaretten in die Schublade des Nachtschranks, zieht die Zudecke etwas höher, legt dann die Hände darauf und schließt die Augen – wir sind entlassen.

Draußen auf dem Gang sprach Herr Klasen noch mit einer Krankenschwester, während Harald und ich dastanden, fassungslos und traurig, aber uns einig, dass dieser Zustand noch lange so bleiben wird, dass sie – die Kranke – es auch nicht mehr anders haben möchte. Derselben Meinung war auch er, der es einfach nicht verstehen kann und will, dass sie nicht einmal nach den Kindern fragt, was die Kinder allerdings nicht wissen.

Er tat uns unendlich Leid und wir wussten nun, wie wichtig für ihn diese Freundschaft mit dem sehr lebendigen und unternehmungslustigen Paar Siebert ist. Wir haben ihn auch deshalb gedrängt, mit uns noch im Hotel zu essen, denn einfach so wollten auch wir ihn nicht gehen lassen. Und wie immer war auch diese Zeit des Essens mit ihm unterhaltsam, wenn auch viel stiller als sonst.

6. April: Unsere »Warschau« ist zum Entladen in Brake! Wir total aus dem Häuschen fuhren gleich zum Bahnhof. Auch die Zugverbindung von Bremen nach Brake sehr gut, sodass wir nur eine halbe Stunde Wartezeit hatten, die gerade reichte, um den Bahnhof, dessen imposantes Gebäude uns sehr gefiel, nochmals von außen anzusehen. Wir hatten diese Gegend noch nicht erkundet, wollten es eventuell nach unserer Rückkehr nachholen.

In Brake nahmen wir ein Taxi zum Hafen. Der Fahrer wusste, wo er uns absetzen muss, an welchem Kai die »Warschau« liegen wird. Wir haben uns oft ausgemalt, wie sie wohl aussehen könnte, aber dass sie so schön, so groß, so hoch und mit sechs Kränen ausgestattet ist, hätten wir nicht erwartet.

Wir standen und staunten, Harald mit feuchten Augen, konnten es nicht fassen, dass das der Frachter ist, der uns nach Vancouver bringen wird.

Der Schiffsrumpf in Rostrot, der Schiffsbauch und die Ladefläche in Grün. Darauf die Kräne in Gelb, die Brücke ganz am Ende der Ladefläche in Weiß, auf dem Schornstein ein großes schwarzes M. Neben dem Anker der Schriftzug »Warschau« und an der Spitze des Bugs das Wappen dieser Stadt.

Rundherum herrschte viel, viel Trubel. Holz wurde aus dem Bauch geholt und etwas später Rollen in weiße Folien verpackt, und irgendwem standen wir dann auch im Wege. Wir fragten diesen jungen Mann, ob der Kapitän an Bord wäre. Ja sicher, er hätte aber viel zu tun.

Sollen wir – sollten wir nicht? Doch – wir wollten trotzdem mit ihm sprechen. Also die Gangway hoch, wo uns auch schon ein anderer Mann in Empfang nahm. Wir erklärten ihm, dass wir ab Bremen als Gast an Bord sein werden. Er nickte, wusste also Bescheid und brachte uns gleich zum Kapitän. Es war der Erste Offizier, der es auch noch ist, wenn wir auf der »Warschau« sind.

Anders verhielt es sich bei dem Kapitän. Er wird nach Ankunft in Bremen seinen Urlaub antreten. Trotzdem zeigte er uns sehr freundlich die Räume, die wir bewohnen werden. Ein Schlafraum, ein Salon und daneben eine kleine Teeküche. Im Salon entlang der mehreren großen Bullaugen, eigentlich schon Fenster, eine durchgehende Sitzbank mit Kissen. Davor einige Tische mit Stühlen und in der Ecke ein großer Kühlschrank. Die Teeküche daneben hell und sehr sauber.

In unserer Kabine neben der Tür zum Duschbad ein eingebauter Kleiderschrank. Gegenüber zwei auffallend breite Betten, getrennt also jeweilig an der Wand angebracht. Dazwischen eine durchgehende Kommode mit Schubladen und über dem Schreibtisch ein breites, großes Schiebefenster, das den Blick zum Heck mit dem Schwimmbad freigibt. Das Wasser war allerdings abgelassen, wird erst wieder eingefüllt, wenn das Atlantikwasser warm genug ist. Auch sei eine Bibliothek mit ca. 600 Büchern an Bord. Ende der Woche soll die »Warschau« in Bremen sein.

Wir waren so glücklich, so beruhigt auf der Heimfahrt, dass wir auf unser Vorhaben, den Bahnhof mit seiner Umgebung zu erkunden, verzichteten. Es wäre einfach schade gewesen, dieses Glücksgefühl, diese Entspannung nicht auszukosten.

Deshalb fuhren wir gleich zu dem Restaurant »Die Pfanne«, wo wir mit Gabi und Karl verabredet waren. Wir hatten gerade ein leckeres Pfannengericht verzehrt, da überraschte uns Harald mit der Idee, bis zum Eintreffen der »Warschau« im Bremer Seemannsheim zu wohnen! Ich mache ja auf dieser Reise alles mit, aber diesem Abenteuer stand ich schon sehr skeptisch gegenüber. Vielleicht auch, weil diese Seekiste noch einmal mehr gepackt und dann geschleppt werden muss. Nach diesem Schrecken sind wir vier zu den »Schwarzwaldstuben« getrabt und haben von dem Kräuterschnaps getrunken. Doch es kam keine echte Stimmung mehr auf. Höchste Zeit, auf das Schiff zu kommen!

7. April: Noch vor dem Frühstück eilte Harald zum Telefon, um mir strahlend mitzuteilen, dass ein Doppelzimmer frei ist und wir

schon morgen im Seemannsheim einziehen können. Also packte ich die Kiste und bat den lieben Gott, dass sich keiner mit ihr überheben wird.

8. April: Nun sind wir also unter Seeleuten. Am Eingang des Seemannsheims eine kleine, enge Empfangskabine, in der ein liebenswürdiger älterer Portier stand und uns mitteilte, dass wir das Zimmer ganz oben im dritten Stock bekommen. Mir fiel sofort unsere Seemannskiste ein, die wir mit Ach und Krach in das Taxi bekamen. Ich würde sie nie mehr mitnehmen, sie ist wirklich eine Plage, und mir wird angst und bange, wenn ich an die Gangway der »Warschau« denke, die – so Harald – nach der Entladung noch höher sein wird als in Brake.

Der Portier bat dann zwei Seeleute, wohl Afrikaner, unserem ungeduldigen Taxifahrer mit dem Gepäck behilflich zu sein, und wir sollten doch bitte Platz nehmen, bis der Hausmeister für uns Zeit hätte. Wir setzten uns also in die schwarzen, glänzenden Ledersessel, deren Sprungfedern ächzten und die sich klebrig anfühlten. Harald wurde unruhig und wollte nach draußen gehen, als der hektische Taxifahrer mit dem Koffer, einer Reisetasche und mit meiner Schreibmaschine stöhnend durch die Tür kam, gefolgt von den Seeleuten, die lächelnd und ganz locker die Kiste bei uns absetzten und abwinkten, als Harald den Geldbeutel aus der Hosentasche holte. Das machte mir Mut, dass es solche starke Männer auch auf der »Warschau« geben kann.

Der Hausmeister machte allerdings den Vorschlag, sie, die Kiste, unten in einem Raum zu lassen, in dem noch mehr solcher Ungetüme stehen. Es war also gut, dass ich in den Koffer und in die Reisetasche Sachen gepackt habe, die wir in den kommenden Tagen noch brauchen.

Dann ging er mit uns zu unserem Zimmer unter dem Dach. Es war sehr groß, roch aber wie ein voller Aschenbecher. Ein fleckiger, wenn auch abgesaugter Teppich auf dem Boden und wie unten solch klebrige Ledersessel in braun. Davor ein kleiner Tisch, übersät mit Wasserflecken und Löchern von Zigarrenglut, obwohl ein übergroßer Aschenbecher vorhanden war. Und ein Schrank, der sich nicht abschließen ließ.

»Das war wirklich eine Schnapsidee von dir«, meinte ich vorwurfsvoll, als wir alleine waren. Und etwas später, nachdem ich auch das winzige Bad mit einem noch winzigeren Waschbecken inspizierte: »Da hatte ich vor 21 Jahren ein schöneres Appartement.« Harald stutzte, dann fiel auch ihm ein, dass unser Jüngster heute Geburtstag hat.

Wir packten wenige Sachen aus und fuhren anschließend zum Schnoor, um dort in dem Restaurant, das die Tische so schön eingedeckt hat, einen Zander zu essen. Harald benahm sich mir gegenüber sehr aufmerksam. Er wusste, dass er mir mit dieser Idee, ins Seemannsheim zu ziehen, etwas zu viel zugemutet hat.

Als wir am späten Abend Ralph in der Kaserne in Braunschweig erreichten, er leistet dort seinen Wehrdienst ab, habe ich allerdings von meinem Ärger nichts erzählt, denn auch er fand in einem Seemannsheim zu wohnen einfach toll. Männer!

9. April: Wir haben trotz schlechter Betten gut geschlafen. Auch dass wir oben die Fenster offen halten konnten, hat diesen Zigarettengeruch etwas gemildert. Und das Frühstück in einem hellen Raum mit sauberem Geschirr und Besteck war recht gut. Sehr junge Frauen und Männer mit schwarzer, weißer und gelber Haut saßen da, alleine oder in einer Gruppe an den Tischen. Sie wünschten uns freundlich einen guten Morgen und hätten ganz sicher am liebsten gefragt, ob wir uns verirrt haben!

Wieder auf dem Zimmer, schauten wir zuerst in unser kluges Buch, in dem alles Sehenswerte in Bremen aufgezählt und auch beschrieben wird. Was haben wir noch nicht gesehen? Und was ist davon das Wichtigste? Das waren das Rathaus, das Focke-Museum und die Kunsthalle. Wir wählten das Focke-Museum, da der ganze Tag ohne eine Verabredung vor uns lag und diese Zeit, so das Buch, unbedingt nötig war. Wir hätten zu Fuß durch den Bürgerpark gehen können, hätten noch in Schwachhausen die Kaufmannshäuser und die schönen Villen ansehen können, aber dazu fehlte uns die Lust. Seit wir die »Warschau« gesehen haben, ist alles andere eine Nebensache geworden. Deshalb fuhren wir also mit dem Taxi und waren überrascht, als wir nun doch noch an den prächtigen Villen von Schwachhausen vorbeikamen und überraschenderweise an vielen Kirchen der verschiedensten Konfessionen. Deshalb nennen die Bremer die eigentliche Schwachhausener Heerstraße einfach Kirchenallee, so der Taxifahrer.

Das Bremer Landesmuseum für Kunst- und Kulturgeschichte wurde nach seinem Gründer Johann Focke genannt. Es umfasst einen Neubau (1964), das Gut Riensberg (18. bis 20. Jahrhundert), ein Bauernhaus aus Mittelsbüren (1700), eine Scheune aus Tarmstedt (1803) und außerhalb die Windmühle in Oberneuland.

Die Einrichtung vom Haus Riensberg erinnerte mich sehr an die im Roselius-Haus. Neu für uns eine umfangreiche Spielzeugsammlung und vor allem die Ledertapeten, ein Zeichen dafür, wie reich die Bremer Oberschicht mal war. Vermutlich gehörte deshalb Bremen schon 1890 zu den am besten gewerkschaftlich organisierten Industriestandorten.

Im Bauernhaus und in der Scheune waren die bäuerlichen Arbeits- und Lebensbedingungen vor der industriellen Zeit zu sehen. Auch wenn sich die Arbeitsgeräte, der Innenausbau der Häuser in solchen Museen überall in Deutschland sehr ähneln, berührt mich jedes Mal, mit welcher Liebe die Balken mit Schnitzereien verziert und die wenigen Möbel mit Holznägeln zusammengefügt wurden, und wie klein die Menschen damals doch gewesen sein mussten, wenn sie nicht sitzend geschlafen haben.

Die längste Zeit verbrachten wir in dem Neubau, um zuerst mal die städtische Kunst und Kultur des Mittelalters und die Funde der bremischen Vor- und Frühgeschichte zu erfahren. Dann das Tabakkollegium, das sich mit der Kulturgeschichte des Rauchens und der großen Bedeutung des Tabakhandels der Stadt befasst. Alle drei Abteilungen vervollständigten unsere Eindrücke des bisher Gesehenen, ja gaben uns auf manche Frage, die wir uns noch stellten, eine Antwort. Und das machte uns sehr froh.

Was vor allem Harald faszinierte, war die Geschichte der bremischen Schifffahrt. Meine Güte, da waren Schiffsmodelle, Seekarten und die zugehörige Ausrüstung vorhanden. Nicht eine Beschreibung, eine Geschichte der Schiffsmodelle, die oft mit kleinen Buchstaben zu lesen waren, ließen wir aus. Dabei wurden unsere Augen müde und auch die Beine mit den Füßen, sodass wir uns nach nun fünf Stunden sagten, es muss genug sein!

Wir ließen uns einfach in das Taxi fallen und uns in den Schnoor fahren, wo Gabi im Katzen-Café auf uns wartete. Wie ich schon erwähnte, war dort, so oft wir im Schnoor waren, nicht ein Platz frei. Heute wollte Gabi recht früh dort sein, um für uns Plätze zu reservieren. Und es klappte. Also der Garten war wirklich wunderschön angelegt und die Erdbeertorte, die sie auch gleich bestellte und zurückstellen ließ, einfach lecker. Gabi wollte uns anschließend auch noch zum Seemannsheim fahren, aber das wollten wir nicht, denn sie sah recht müde aus. So sind wir noch zusammen zum Marktplatz gegangen und verabredeten uns für den 11. April am Dom.

10. April: Heute morgen war ich gegenüber vom Seemannsheim beim Friseur. Ich erzählte der Chefin von unserem Vorhaben und bat sie, meine Haare kurz zu schneiden. Und siehe da, einen solch schönen Haarschnitt hatte ich noch nie, und oft, schon lange wieder zu Hause, dachte ich allein aus diesem Grund mal wieder

nach Bremen zu fahren! Auch war ich sehr schnell zurück, sodass es noch vor dem Vortrag über afrikanische Kunst im Rathaus zu einem Essen im Ratskeller reichte. Wir haben gestern das Plakat gesehen, auf dem ein Professor Dr. Mohn aus Heidelberg abgebildet war, der zugleich die Ausstellung eröffnet. Doch der Marktplatz war wegen einer Demonstration von Atomkraftgegnern abgesperrt. So mussten wir wieder zurück, um über den Platz der Liebfrauenkirche seitlich den Ratskeller zu erreichen. Mein Gott, war das ein Geschrei, ein Trommeln und ein Schwenken von Protestplakaten. Dazwischen Leiterwagen mit Bierkästen gefüllt. Am Rande Polizisten mit Schutzschildern, einige auch mit Hunden an der Leine. Noch nie waren wir einer Demonstration so nahe. Ich hatte große Angst, als der Redner auf einem Podest die Menge anheizte, das Trommeln zornig und das Gejohle gereizter wurde und die Hände der Demonstranten mit Fäusten nach oben gestreckt waren.

»Komm, wir gehen in den Ratskeller«, bat ich. Aber die Tür, vor der wir nicht allein standen, war abgeschlossen. Erst auf mehrfaches Klopfen wurde sie geöffnet. Der Ober entschuldigte sich, aber sie hätten schon böse Erfahrungen hinter sich. Diese Demonstration heute sei vorerst noch harmlos, aber das könne sich sehr schnell ändern.

So ist also unser Besuch des Bremer Ratskellers in der Erinnerung immer mit einer Demonstration verbunden und mit einem Essen, von dem wir mehr als enttäuscht waren. Ausgenommen das Ambiente, das sich bei diesem Lärm – von den lauten Touristen drin und von dem Lärm der Demonstranten draußen – leider schnell verflüchtigte.

Wir wünschten uns in die Zeit zurück, als Heinrich Heine in Gedichtform von dem Ratskeller schwärmte und Wilhelm Hauff mit seiner Erzählung »Phantasien im Bremer Ratskeller« nicht nur die Leser verzauberte, auch den Maler Max Stevogt, dessen Fresken mit Figuren aus der Erzählung den Echosaal schmücken, heute Hauffsaal genannt.

Die Ausstellung – Afrikanische Kunst – befand sich über dem Ratskeller in einem großen Saal mit hohen Fenstern zum Marktplatz. Interessant die Skulpturen aus verschiedenen Epochen und aus verschiedenem Material geformt oder geschnitzt. Dazu viele Fotografien an der Wand. Die ganze Aufmachung gefiel uns sehr, zugleich stellten wir aber fest, dass unser Wissen darüber sehr lückenhaft war. Wir hofften, der Professor könnte diese Lücken etwas füllen.

Doch wie und was Herr Dr. Mohn nun dozierte, war nicht nur für uns einfach zu hoch. Er setzte ein breites Wissen voraus. Deshalb gab es auch nach dem Vortrag nur ein paar wenige Fragen von einem Ehepaar, das sich sicher schon länger mit der afrikanischen Kunst beschäftigt hat. Wir nutzten dann nochmals den Blick auf den Marktplatz, auf dem noch der Unrat der »harmlosen« Demonstration zusammengefegt wurde.

Im Seemannsheim die Nachricht, dass wir am Sonntag, also übermorgen, an Bord kommen können!

11. April: Es ist ein wunderschöner warmer Tag. Ein Samstag, an dem am Ufer der Weser der Bremer Flohmarkt abgehalten wird. So weit man sehen kann Menschen, Menschen und ein Stand neben dem anderen aufgebaut. Man glaubt nicht, was da alles angeboten wird, und ganz selten einen Ramsch. Textilien, Porzellan, Gläser und Möbel. Sehr schöne alte Tischlampen, Gemälde in breiten goldenen Rahmen. Spielzeug, Bücher, Kuchen, Wurst, Käse und Eis. Alte Briefmarken und ebenso alte Postkarten. Ganze Babyausstattungen mitsamt Kinderbett und -wagen und ein eiserner Puppenherd, auf dem ganz sicher in einem der Patrizierhäuser ein kleines Mädchen mal gekocht hat.

Dann bummelten wir durch die Einkaufsstraße, in der klassische Musik von drei Geigen und einem Cello zu hören war. Daneben Protestlieder, von etwas wild aussehenden jungen Männern vorgetragen, und nicht weit davon eine Jazzband mit Saxofon, Klarinette und Gitarre, das viele junge Leute anzog. Sie hockten auf dem Boden oder ließen vom Rand des Brunnens dort ihre Beine baumeln.

Nach einem Weißwurstessen mit einem Rettich und einer Brezel verabschiedeten wir uns im »Münchner Kindl« von dem Besitzer, Herrn Mayer. Zugleich kam ein anderer Herr Meier auf mich zu, schüttelte mir begeistert die Hand und freute sich riesig, mich nun persönlich kennen lernen zu dürfen. Er, in Helmstedt geboren, hat immer noch die dortige Tageszeitung abonniert und darin von mir viel gelesen, was ihm zu gut gefallen hat. Es war die Zeit meiner politischen Tätigkeit, die ich als meine Bürgerpflicht am Zonenrandgebiet zur DDR bezeichne. Aber gefallen und gefreut hat mich die Anerkennung eines Bürgers schon, denn sie ist und war auch nicht immer erfreulich, diese Tätigkeit.

Am Rathaus dicht umringt von Menschen eine Jugendkapelle aus Württemberg. Es ist enorm, wie lebendig diese Stadt ist. Anschließend nochmals ein Bummel durch den Schnoor, in dessen Nähe die Bremer Kunsthalle liegt, die 1849 eröffnet wurde und sich inzwischen zu einer Galerie von internationalem Rang entwickelte. Fünf Jahrhunderte umfasst die Sammlung, von der Renaissance bis zur klassischen Moderne. Auch eine grafische Sammlung von 230.000 Kupferstichblättern ist vorhanden.

Leider war unsere Zeit sehr begrenzt, wir mussten ja zu Liliens Domtreppenkehren gehen. Wir fragten deshalb einen Aufseher, wo die Bilder von Monet, von van Gogh und Max Liebermann hängen und auch das Bild »Herbst im Moor« von Otto Modersohn. Und da hat doch dieser Aufseher mit seinem großen Wissen uns begleitet, was ihm eigentlich verboten war. Für uns ein Genuss, und ich denke, so wie er strahlte, auch für ihn mit uns. Recht glücklich machten wir uns deshalb auf den Weg zum Dom.

Dort bauten Gabi und Karl auf einem Tisch viele kleine Schnapsgläser auf. Von anderen Freunden wurde auf die Treppe Sägemehl mit neuen Kupferpfennigen ausgestreut, und immer mehr Menschen blieben stehen und schauten den Vorbereitungen zu. Die elegant gekleideten Damen und Herren waren zu dem Fest im Club Geladene, die anderen wohl neugierige Bremer oder auch solche wie wir beide – Touristen.

Punkt sechs begann eine Drehorgel zu spielen, und da kam auch schon in Begleitung von Margarete das Geburtstagskind. Lilien war schon eine wirklich hübsche Erscheinung. Über einer engen weißen Lederhose trug sie einen schwarzen Frack, dessen Ausschnitt von einer weißen Fliege geschmückt war, auf ihrem blonden Haar einen schwarzen Zylinder und an einer langen Kordel ein Riesenherz mit der Aufschrift: Unternehmerin, 30 Jahre alt, sucht einen Mann.

Mit Rufen und Applaus bedacht, fing sie an zu fegen, bückte sich und klaubte die Pfennige in ein Körbchen, denn sie sollen später einem Kindergarten zu Gute kommen. Doch kein junger Mann löste sich aus der Menge der Zuschauer, um sie zu küssen und sie damit vom Fegen zu erlösen. Keiner hatte anscheinend den Mut und vielleicht auch gar nicht gewusst, dass dieser Kuss keine Verpflichtung ist. Er, der Küssende, sollte bei dem Fest am Abend nur ihr Begleiter sein.

Sie tat uns schon fast Leid, als beherzte Freunde einfach einen jungen Mann auf dem Fahrrad anhielten. Nachdem man ihn unterrichtet hatte, worum es geht, hat er sie nur flüchtig geküsst, mit ihr auch ein Gläschen Schnaps getrunken, aber die Einladung mitzufeiern abgelehnt. Ich denke, Lilien war für ihn ein zu elegantes und selbstbewusstes Wesen.

Wir haben noch in der »Glocke« neben dem Rathaus ein Tomatensoufflé gegessen und sind dann schnell im Seemannsheim zu Bett gegangen, denn morgen ist ein großer Tag – wir gehen an Bord!

12. April: Frühstück gab es im Seemannsheim in der Zeit von acht bis neun, und unser Zimmer sollte bis zum Mittag zwölf Uhr frei sein. Also packten wir unsere Sachen, stellten das Gepäck zu unserer Seekiste und frühstückten anschließend im Bremer Hauptbahnhof. Ganz gemütlich mit einem guten Kaffee, frischen Brötchen und viel Zeit, denn erst zum frühen Nachmittag werden wir auf der »Warschau« erwartet. Nachdem uns der Bahnhof schon am letzten Montag so gut gefallen hat, wollten wir die Zeit bis dahin nutzen, ihn mit seiner Umgebung noch genauer anzusehen.

Der erste Bahnhof von Bremen wurde also am 12.12.1847 eingeweiht, und da er dem Ansturm von Fahrgästen nicht mehr gewachsen war, baute der Architekt Hubert Stier aus Hannover einen neuen, der 1889 fertig gestellt war und auch heute noch zu den schönsten Jugendstil-Zweckbauten in Deutschland gezählt wird.

Auf der westlichen Seite des Platzes vor dem Bahnhof wurde wenig später das Überseemuseum in neoklassizistischem Stil gebaut, das wir wohl nicht mehr besuchen können. Es seid denn, der Auslauf der »Warschau« würde sich verzögern. Wir sind dann lieber ein bisschen in den Wallanlagen spazieren gegangen, setzten uns auf eine Bank, um etwas auszuruhen. Gesprochen haben wir wenig. Jeder war in Gedanken versunken, die ganz sicher verschiedener Art waren.

Wieder am Bahnhof entdeckten wir im dritten Taxi einen kräftigen Fahrer. Also warteten wir, bis er an der Reihe war. Erklärten ihm, dass im Seemannsheim eine schwere Seemannskiste steht und dass er eventuell auch im Hafen zupacken müsste. Er war einverstanden und fand es toll, in unserem Alter noch so etwas zu planen.

Also zurück zum Seemannsheim. Und wieder hievten wir mit Ach und Krach und der Hilfe des Hausmeisters die Kiste ins Auto, dann zum Hafen. Wo man hinschaute, tummelten sich auf der »Warschau« Männer in blauen Overalls, gelbe Schutzhelme auf dem Kopf. Und riesengroße Löcher waren in dem Unterschiff zu sehen!

Harald ging die Gangway hoch und kam mit zwei kräftigen Männern zurück. Der eine war der Bordbäcker, der andere ein Maschinist aus Portugal. Und siehe da, sie trugen die Kiste hoch, ohne zu klagen, ohne zu jammern. Dahinter unser Taxifahrer mit dem Koffer und der Reisetasche. Er wollte nun doch noch unsere Kabine sehen. War nur am Staunen, wie schön ein Frachter ausgestattet sein kann, und noch mehr, als der Erste Offizier uns sehr freundlich begrüßte. Bei ihm ein hoch gewachsener junger Mann mit weißem Hemd und einer schwarzen Hose bekleidet – unser Steward Mosso von den Inseln der Kapverden war es, ein ganz lieber und aufmerksamer Reisebegleiter in den kommenden Wochen.

Da der neue Kapitän noch nicht an Bord war, übernahm auch er uns in den Tagesablauf auf einem Frachter einzuführen. Er machte uns darauf aufmerksam, den Nachmittagskaffee in der Offiziersmesse, ein Deck tiefer neben der Kombüse, nicht zu versäumen.

Meine Güte – riesengroße Stücke Bienenstich brachte dort der Bäcker zu einem wiederum großen runden Tisch, auf dem für uns gedeckt war. An dem Tisch daneben saßen ein paar Herren, die nur kurz zu uns schauten. Viel freundlicher grüßte der Koch aus der offen stehenden Küche. Neben ihm ein junger Mann, der für die Mannschaft als Steward zuständig ist. Auch er von den Kapverden, aber nicht in weißem Hemd und schwarzer Hose. Das war fast der einzige Unterschied. Jeder Matrose hatte seine eigene Kammer und auch das Essen war für alle Mann an Bord dasselbe. Egal ob morgens, mittags oder abends.

Wieder zurück, packten wir unsere Sachen aus. Dabei stellten wir fest, dass wir die vielen Bücher gar nicht hätten schleppen müssen, wenn wir gewusst hätten, dass eine Bibliothek an Bord vorhanden ist. Ebenso viel weniger Hemden, Shirts und Blusen, Unterwäsche, Socken und Badetücher, da zwei Waschmaschinen, ein Trockner und eine Heißmangel zur Verfügung stehen. Egal, wir sind da und haben genügend Platz, alles unterzubringen.

Mosso schaute später nochmals vorbei, um uns mitzuteilen,

dass der Kapitän und seine Frau eingetroffen seien und wir mit ihm und den anderen Herren um 18 Uhr das Abendessen einnehmen würden. Er war erstaunt, wie schnell wir unsere Sachen ausgepackt und eingeräumt haben, und fragte, ob wir noch einen Wunsch hätten.

»Nein, wir sind wunschlos glücklich«, aber vielleicht wüsste er einen Platz, an dem die leeren Gepäckstücke bleiben könnten. »Natürlich.« Er packte den Koffer in die Kiste, hob sie mühelos auf die Schulter, bückte sich unter dem Türrahmen und war weg. Erst drei Monate später sollten wir die Seemannskiste wiedersehen.

Der Kapitän wollte doch noch den Abend mit seiner Frau alleine verbringen. Wir sollten aber bitte nach dem Essen an seiner Kammer anklopfen, teilte uns der Erste Offizier mit. Dann stellte er die anwesenden Herren vor, die sich alle zu unserer Begrüßung von den Stühlen erhoben. An unserem Tisch saßen also außer ihm und uns der Kapitän, der Erste Leitende Ingenieur und der Zweite Offizier, ein Engländer. Am Nebentisch der Zweite und Dritte Ingenieur, ein Funker und der Bordelektriker. Beide Tische waren mit allem Möglichen beladen. Wurstplatten, mit Radieschen und Petersilie verziert. Auf einem Holzbrett mehrere Käsesorten. Hart gekochte Eier gab es und verschiedene Salate aus Gurken, Tomaten und Kopfsalat. Dazu selbst gebackenes Brot und zum Trinken Kaffee oder Tee.

Mosso stand aufmerksam zwischen den beiden Tischen, schenkte die Getränke nach, holte auf Wunsch auch noch etwas aus der Küche, schob einem eine Platte oder eine Schüssel näher und strahlte uns beide an. Ich glaube, er war an dem Abend der Einzige, der sich ehrlich über uns freute. Der Kapitän erzählte später lachend, dass er und die anderen Herren entsetzt waren, auf dieser Fahrt Gäste an Bord zu haben. Dazu auch noch eine Frau! Dass wir wenig später schon »Hahn im Korb« waren, ahnte da noch keiner, weder die Besatzung noch Harald und ich.

Die Unterhaltung verlief also stockend, man tastete sich ab, wenn auch in einer höflichen und freundlichen Atmosphäre. Dazu waren die Herren sichtlich müde, hatten vielleicht auch noch einiges zu besprechen. So wünschten wir bald eine gute Nacht, bedankten uns bei Mosso, der uns zur Tür brachte und uns noch erklärte, wo am Oberdeck der Kapitän zu finden sei. Und das war leicht, denn die Tür war einen Spalt offen, sodass Stimmen und auch Musik zu hören waren.

Aber von wegen einer Kammer, wie wir uns im herkömmlichen Sinn eine Kammer vorstellen: ein Bett mit Nachtkasten, ein Schrank, eine Kommode, ein Tisch mit Stuhl, ein winziger Teppich vor dem Bett und ein kleines Fenster. Nein, es war ein riesengroßes Wohnzimmer mit Blumenkästen vor den beiden Fenstern, in die rot blühende Geranien gepflanzt waren, die Einrichtung sehr geschmackvoll.

Der Kapitän, ein gut aussehender Mann und viel jünger als erwartet, begrüßte uns etwas kühl, aber nicht unfreundlich. Entschuldigte sich, dass er und seine Frau, die in einem Sessel sitzen blieb, beim Abendessen nicht dabei waren. Wir versicherten, dass wir das gut verstehen. Höflich bat er uns, näher zu treten, aber das wollten wir nicht. Wir freuten uns so sehr auf unsere Kammer, auf das komfortable Badezimmer und auf das bequeme breite Bett.

Später noch ein Gewitter.

13. April: Es ist kalt geworden und der Himmel von grauen Wolken bedeckt. Wir waren beim Frühstück die Letzten und auch die Einzigen. Die Herren waren schon wieder bei ihrer Arbeit. Das nutzte Mosso mit einer wahren Freude. Er hatte nun Zeit, nach unserem Wohlbefinden zu fragen, auch wie wir geschlafen haben und ob wir noch einen Wunsch hätten. Zum Frühstück gebe es außer Marmelade und Honig auch Spiegeleier oder Tatar. Harald nahm das Tatar, ich lieber zwei Spiegeleier. Auf unsere Frage, warum er ein so gutes Deutsch spreche, erzählte er stolz, schon lange als Offizierssteward bei der Reederei zu sein, sodass er eigentlich gar nicht mehr anheuern müsse. Leider wohne seine Frau in Paris.

Dann noch ein Schwatz mit dem Koch, der das Tatar und die Spiegeleier brachte. Er kommt aus der Pfalz und hofft, dass wir seine Kochkunst mehr schätzen werden als die Mannschaft, einschließlich der Offiziere und Ingenieure.

Danach spazierte Harald auf dem Frachter herum. Mir brachte Mosso das Bügelbrett mit dem Bügeleisen, das er im Salon aufstellte, weil er unsere Kajüte mit dem Bad sauber machen möchte. Nach langem Hin und Her einigten wir uns, dass ich unsere Kammer selbst in Ordnung halte, denn er hatte mit den anderen Räumen genug zu tun. Allerdings brauchte ich ihn schon eine Woche später, um frische Bettücher über die breiten Matratzen zu ziehen. Dazu waren meine Arme einfach zu kurz.

Ich bügelte also im Salon unsere Kleidungsstücke, um heute Nachmittag etwas flotter gekleidet zur Stadt zu gehen. Ganz kurz schaute der Kapitän vorbei, etwas später seine Frau. War Frau Oben so kühl, oder war es der erneute Abschied von ihrem Mann? Nein, absolut nicht, versicherte sie mir. Nach drei Monaten Zusammensein wäre jeder wieder froh, das Leben wie gewohnt zu führen. Ihr Mann auf einem Schiff und sie zusammen mit der Tochter daheim.

Schwieriger sei es, wenn die Kinder noch klein sind. Aber das sei alles Gewohnheit und jede Seemannsfrau wisse ja, wie ihr Leben an der Seite eines Seemanns sein würde.

Beim Mittagessen erfuhren wir, dass die »Warschau« zum Dockhafen gebracht wird, was zur Folge hatte, dass sich Frau Oben überlegte, heute schon nach Hause zu fahren, und wir den Stadtbummel auf den kommenden Tag verschoben, denn das mussten wir sehen.

Wir gingen also auf die Brücke und schauten dort von der Außenplattform diesem Vorgang – diesem Schauspiel – zu. Die »Warschau« lichtete den Anker und wurde dann langsam über eine Stunde von vier Schleppern an die richtige Stelle im Dockhafen gedrückt, am Vorderschiff zwei und achtern die beiden anderen. Anschließend wurde aus dieser »Wanne« das Wasser gepumpt, bis die »Warschau« trocken lag. Sie wurde also überholt, was man in der Schiffahrt »Klasse« nennt. Da wird, als Beispiel, der Schiffsrumpf von Moos befreit und neu gestrichen, damit er wieder glatt durch das Wasser gleiten kann. Es werden Beulen ausgebessert, wenn nötig ganze Teile ausgeschnitten und neue eingesetzt. Bis in die Nacht hörten wir harte Hammerschläge und Geräusche von Schleif- und Schweißgeräten. Es waren so viele Menschen an Bord, dass wir auch heute noch nicht sehen konnten, wer zur bleibenden Mannschaft gehören wird. Alle Herren in der Offiziersmesse waren gestresst. Sie hatten wenig Schlaf und deshalb auch keinen Hunger – sehnten den Auslauf bei.

An Land gehen war nur noch über einen hohen Treppenturm möglich und der Ausblick von dort und von der Brücke fantastisch. Auf der einen Seite die Werft mit den vielen Kränen. Auf der anderen Seite der Hafen mit vielen Riesenfrachtern, von denen jeder, der ausläuft, bei uns vorbeikommen musste. Und was für ein Ausblick, als es dunkel wurde und alle Schiffe und die Werft beleuchtet waren! Am Abend stand dann fest, dass wir auf jeden Fall noch vor den Osterfeiertagen auslaufen können. So werden wir morgen also zum letzten Mal in die Stadt gehen.

Nach dem reichlichen Abendessen – unter anderem auch noch Senfeier mit Kartoffelbrei – brauchten wir dringend Bewegung. Also bummelten wir durch die Werftanlage, schauten noch mal zu dem Schafschiff, das jetzt ganz in unserer Nähe lag. An Land würde man sagen, es befindet sich in einer Parallelstraße.

Wieder an Bord, liest Harald im Weser-Kurier, während ich das heute Erlebte in mein Tagebuch schreibe. Dabei hören wir leise Musik aus dem Radio und öfters auch das Öffnen des Kühlschranks im Salon. Der Werftkapitän ist beim Kapitän und seiner Frau, die doch noch geblieben ist. Er zählt mit lauter Stimme auf, was so alles auf der Werft »AG-Weser« schlechter geworden ist. Er war in seiner Erregung so laut, dass wir jedes Wort mithören konnten. Ist das wirklich der Fall oder sehen es ältere Menschen kritischer? Nein – jetzt viele Jahre später bei der Niederschrift meines Buches kann ich nur sagen, er hatte mit all seinen Befürchtungen Recht.

14. April: Wir haben wieder gut geschlafen und kamen sehr vergnügt zum Frühstück, bei dem Harald noch mehr strahlte, als ein lecker aussehender Strammer Max auf seinem Teller lag. Ich blieb bei Kaffee, Brot und Marmelade. Anschließend wollte mir eigentlich Mosso zeigen, wo ich unsere Wäsche waschen kann. Aber es muss sich an dem Morgen etwas ereignet haben, denn der Kapitän, den wir bis jetzt nur in Jeans und in einem Shirt gesehen haben, kam in dunkler Hose, weißem Hemd, dunkler Krawatte und schwarzen Halbschuhen aus seiner Kammer. Und Mosso suchte in den Schränken im Salon nach Tischtüchern. Meine Güte, das Schiff im Dock, und dann sagt sich auch noch der Reeder zu einem Essen an!

»Was ist zu tun?«, fragte ich Mosso.

»Ich habe unten in der Waschküche mehrere schöne Tischdecken schon gewaschen, aber noch nicht gebügelt.«

»Wann kommt Herr Toepfer?«

»Um elf.«

»Na, da haben wir noch viel Zeit.«

»Wir?«, fragte er strahlend.

»Ja, wir beide.«

Und so stieg ich also mit Mosso hinab in den Bauch der »Warschau«, schon ein komisches Gefühl. War es oben fast kalt, so staute sich hier unten eine Wärme, in der diese Männer, die uns begegneten, arbeiten müssen. Es waren Maschinisten mit dicken Arbeitshandschuhen, der Oberkörper mit einem Trägerhemd und viel Schweiß bedeckt. Ich habe mal gelesen, dass Maschinisten und früher vor allem die Heizer »Underdogs« genannt wurden, da sie nie mit den Passagieren in Berührung kamen. Jetzt konnte ich das Wort erst richtig verstehen, da unten.

Mosso meinte, diese Wärme heute sei mit der Hitze auf der

Fahrt gar nicht zu vergleichen, und dann auch noch dazu der Lärm der Schiffsmaschinen. Also, sobald wir auf der Fahrt sind, werde ich zu der Mannschaftsmesse gehen, um diese Männer kennen zu lernen, die, wie mir scheint, aus verschiedenen Nationalitäten zusammengewürfelt sind.

Eine Waschmaschine war frei. Mosso zeigte mir, wie ich sie bedienen muss. Dann sprengten wir die Tischtücher ein. Ich ließ sie durch die Heißmangel laufen, Mosso nahm sie ab, faltete sie vorsichtig, damit sie oben im Salon noch glatt waren.

Wieder gemeinsam deckten wir für acht Personen den Tisch mit dem besonderem Porzellan und Besteck, das alles im Salon untergebracht war. Sogar die passenden Stoffservietten waren vorhanden, und für den Blumenschmuck bat ich Frau Oben, einige Geranien abzuschneiden. Es sah alles sehr schön aus. Und erst der Kapitän in der blauen Uniformjacke mit der weißen Tellermütze auf dem Kopf, einfach fesch.

Für Herrn Toepfer war die Ankunft über den hohen Treppenturm mühsam. Aber er schaffte es, dieser kleine, schmale und nicht mehr junge Reeder. Wir haben ihm kurz die Hand gegeben und uns nochmals für seine Gastfreundschaft bedankt.

Das Mittagessen für uns andere, der Erste Offizier und auch der Chief (der Erste Ingenieur) waren bei dem Essen im Salon dabei, wurde um eine Stunde verschoben, sodass ich meine fertige Wäsche in den Trockner geben konnte. Harald begleitete mich, denn der Kapitän hatte ihn gebeten, auf mich gut aufzupassen. Es hätten einige Männer angeheuert, die er noch nicht kennt. Kein Wunder, dass er nicht gerade begeistert war, Gäste, vor allem auch noch eine Frau, an Bord zu haben!

Nach dem Mittagessen gingen wir also zum letzten Mal in die Stadt. Kauften noch Filme, Fleckenwasser, Seife, Zahnpasta, Kekse, Schokolade und allerlei hübsche und süße Sachen für die Ostertage. Auch Birkenzweige, die an Ostern hoffentlich noch frisch sind. Anschließend zu Gabi und Karl, um uns zu verabschieden.

Doch sie werden morgen Nachmittag noch zum Schiff kommen, was uns natürlich freute.

Als wir mit dem Taxi zur Werft kamen und unsere vielen Tüten über den hohen Treppenturm trugen, war uns schon heute die »Warschau« eine wohltuende Insel. Und das trotz des Lärms der Werft und der Arbeiten im Dock. Schon komisch, da hat mir der Trubel in der Stadt die ganzen letzten Wochen gefallen, heute ging mir das alles auf die Nerven. Hoffentlich folgt mir auch der Leser, denn ganz sicher wird sich nun einiges bei meinem Eintrag in das Tagebuch ändern. Anders sein, ruhiger, aber nicht weniger interessant.

In der Kammer des Kapitäns saßen seine Frau, der Erste Offizier und der Werftkapitän. Auch wir sollten doch bitte noch vor dem Abendessen kommen. Der Werftkapitän redete wieder viel, und als er von meinem Geburtsjahr 1928 hörte, erzählte er, dass in diesem Jahr am 16. August bei der »AG-Weser« das Passagierschiff »Bremen« vom Stapel lief. Die Taufrede hielt damals Reichspräsident Paul von Hindenburg. Die »Bremen« stellte im Schiffsbau technisch alles Bisherige in den Schatten. Mit einem neuartigen Wulstbug, der den Reibungswiderstand minderte, und mit der Stromlinienform erreichte das Schiff eine Höchstleistung von 135.000 Wellen-PS. Einen Tag davor sei auch bei der Werft Blohm & Voss die »Europa« vom Stapel gelaufen. Durch diese beiden Schiffe stand die deutsche Handelsmarine an vierter Stelle der Schiffsnationen. Die »Bremen« und die »Europa« waren für die Nordatlantikfahrt bestimmt, der Auftraggeber der Norddeutsche Lloyd. Pro Schiff konnten nun in sechs Tagen ca. 2100 Fahrgäste nach New York gebracht werden, verwöhnt von 900 Mann Schiffspersonal und einem Luxus an Ausstattung, die manchen Hotelpalast auf dem Festland übertraf. Der Höhepunkt für die »Bremen« folgte nur ein Jahr später, als sie sich 1929 das »Blaue Band« holte.

Nach dem Abendessen, das wieder vorzüglich war, gingen wir zu dem Telefonhäuschen auf der Werftanlage, um uns von den Kindern und den Enkelkindern zu verabschieden.

Wieder zurück, saßen wir nochmals im Kapitänszimmer gemütlich zusammen. Ich denke, wir werden eine schöne Zeit zusammen haben. Der Kapitän und auch der Erste Offizier tauen langsam auf. Wir gehören schon fast dazu.

15. April: Nach dem Frühstück war Aufräumen in unserer Kammer angesagt, dann ein Blick in den Weser-Kurier. Da wird sich aber der Werftkapitän freuen ... Positiver Trend, in den Bremischen Häfen wird eine Umschlag-Steigerung registriert ... Wenn wir allerdings auf dem hohen Treppenturm den Arbeitern auf dem Werftgelände zuschauen und feststellen müssen, dass einem Arbeiter einige mehr davon nur zuschauen, fragt man sich schon, wie die »AG-Weser« auf die Dauer bestehen bleiben kann.

Um vier Uhr kamen Gabi und Karl. Wir durften den beiden das Schiff zeigen und Mosso sogar den Kaffeetisch für uns draußen auf dem Deck vorbereiten. Auch sie waren überrascht, wie behaglich unsere Kabine war, und über diese freundliche Atmosphäre, trotz der Vorbereitungen für den Auslauf. Der Abschied war herzlich. Gabi und Karl wünschten uns eine gesunde Heimkehr und wir den beiden endlich ein Baby, sofern das bei einem solchen Gastronomenstress möglich ist. Aber auch in diesem Fall kann ich nun bei der Niederschrift meines Buches etwas ergänzen. Bei unserer Heimkehr war Gabi schwanger und gebar ein Mädchen, dem nur ein Jahr später ein zweites folgte.

Wir gingen noch zum Auto der beiden mit, versuchten Hans-Joachim zu erreichen, was auch gelang. Später noch ein »Scrabble«, bei dem Harald gewann. Jetzt bin ich müde, friere und bin sehr nervös. Kein Wunder, es wird Ernst – wir laufen morgen aus. Also klappe ich das Tagebuch zu und husche so schnell wie möglich ins Bett.

16. April: Gründonnerstag – der besondere Tag, an dem unser Abenteuer mit dem Auslauf um 15 Uhr beginnt. Dazu ein klarer blauer Himmel über Bremen, wenn auch empfindlich kalt. Meine Güte, sind wir gespannt!

Doch zuerst haben wir gut gefrühstückt. Nachdem ich keine gute Nacht hatte, futterte ich mich ausnahmsweise quer durch das Angebot von Rührei mit Pilzen und Paprika durch. Dann Wurst, Käse, Quark und Marmelade. Ganz lecker diese frisch gebackenen Roggenbrötchen. Der Zweite Offizier, Mr. Wood, leistete uns Gesellschaft. Die anderen Herren waren schon wieder bei ihrer Arbeit und Kapitän Oben brachte gerade seine Frau zu ihrem Auto. Sie wünschte uns eine erholsame Reise und hofft ganz sicher, dass wir ihrem Mann keinen Ärger machen.

Auf dem Schiff noch viel Betrieb. Ganze Rinder- und Schweinehälften wurden ins Kühlhaus gebracht. In einem Raum nur Gemüse und Obst. Da wurde Geflügel und Fisch angeliefert, Käse, Quark, Milch, Joghurt, Butter und Eier und ... und ... und ... in Mengen, wie ich es noch nie gesehen habe. Beaufsichtigt von Mr. Wood, der auch schaute, dass das Gelieferte sachgerecht untergebracht wird, einschließlich der Kühlung. Jeder Posten wurde auf einer Liste abgehakt, die dann auch dem Koch übergeben wurde.

Beim Mittagessen war unser Kapitän überraschend entspannt. So haben wir ihn noch gar nicht erlebt. Er lachte und ließ sich endlich auch mal das Essen so richtig schmecken. »Ja«, meinte er, »der Tag des Auslaufs und der Tag einer Ankunft ist auf einem Schiff immer der Tag des Ersten Offiziers.« Aha – deshalb. Aber auch das Essen war wirklich vorzüglich. Zuerst eine klare Fleischbrühe mit geschnittenen Streifen von Pfannkuchen, dann Schmorsteaks mit Kartoffeln und verschiedenem Gemüse, das nur in Butter geschwenkt war. Zum Nachtisch ein Apfelkompott, wer wollte, Kaffee.

Wir waren gerade fertig und wollten zur Kabine gehen, da kam der Werftkapitän in die Messe. Nein, essen wollte er nicht, aber eine Tasse Kaffee wäre schön und noch ein Plausch mit den beiden

Gästen. Ich sprach ihn auf den Artikel im Weser-Kurier an. Aber er sagte dazu nichts, machte nur mit der Hand so eine wegwerfende Bewegung. Er gab uns viel lieber noch ein paar gute Ratschläge mit, sollten wir in eine schwere See fahren, was um diese Zeit passieren kann. Wünschte uns dann eine erlebnisreiche und gute Reise, was mit dieser Crew von Männern überhaupt keine Frage sei. Wir sahen ihn später über den Treppenturm gehen, bevor dieser abmontiert wurde.

Ja, und dann stand ich mit Fotoapparat und einem Ersatzfilm in der Hosentasche an der Reling, denn das Schafschiff soll noch vor uns auslaufen. Mr. Wood, der nun frei hat, leistete mir auch hier Gesellschaft. Darüber war ich froh, es könnte ja sein, dass ich bei dem Vorgang auch Fragen habe.

Eine halbe Stunde nach ein Uhr legte das Schafschiff vom Ausrüstungskai ab. Ein schöner Anblick mit diesem Aufbau, und was für eine Länge!

»Die ‚Warschau‘ ist viel länger«, meinte Mr. Wood. »Wenn es Sie interessiert, gibt Ihnen der Kapitän ganz bestimmt die Maße.«

»Oh ja, die wären für meinen Tagebucheintrag wichtig.«

»Sie führen ein Tagebuch?«

»Ja, ich möchte diese Reise festhalten und vielleicht mal später ein Buch darüber schreiben.«

»Das ist interessant. Haben Sie schon geschrieben?«

»Artikel für die Zeitung, noch kein Buch. Ich durchlaufe gerade ein Fernstudium. Deshalb habe ich die Schreibmaschine und auch die Studienblätter dabei.«

»Dann werden Sie ganz bestimmt die nächsten Wochen keine Langeweile haben. Wissen Sie, es gibt Gäste – früher waren oft mehrere an Bord –, die zuerst hell begeistert sind, aber dann langweilen sie sich und nerven damit die ganze Besatzung, sodass jeder froh ist, wenn sie im nächsten Hafen ein Flugzeug besteigen.«

Ich musste lachen »Also das brauchen Sie bei uns nicht zu befürchten, Langeweile ist für uns ein absolutes Fremdwort.«

Inzwischen wurde bei uns an Bord aufgeräumt. Immer mehr

Handwerker und Werftarbeiter verließen das Schiff. Dafür kam nun ein Lotse, der ab dem Verlassen des Docks das Kommando übernehmen wird.

Um 15 Uhr wurde der Treppenturm abmontiert und in das Dock sieben Meter hoch Wasser gepumpt. Ab 16.30 Uhr drückten fünf Schlepper ganz sanft die »Warschau« aus dem Dockgelände zum Fluss. Es war, wie wenn diese kleinen Schiffe um den Frachter herum einen Tanz aufführten, so leicht und graziös bewegten sie sich auf dem Wasser. Um 17.05 Uhr war es dann so weit, die »Warschau« wurde noch kurz von den Schleppern begleitet, um dann mit eigener Kraft die Weser abwärts zu fahren.

Was für ein großes Erlebnis! Gleich nach dem Abendessen waren wir wieder an Deck. Kurz vor acht fuhren wir an Bremerhaven vorbei. Etwas später ein herrlicher Sonnenuntergang und ein letzter Lotsenwechsel. Dieser Lotse wird uns am Weser-Feuerschiff verlassen. Danach müssen die »Drei Heiligen« – der Kapitän, der Chief und der Erste Offizier – die Verantwortung übernehmen.

Um 21 Uhr erreichten wir die offene Nordsee – unsere Seereise begann, und Sie, lieber Leser, sind jetzt da angekommen, wo mein Buch beginnt.

17. April: Karfreitag, schon um sechs Uhr früh war Harald auf den Beinen. Also krabbelte auch ich aus dem breiten Bett. Trotz der neuen Umgebung auf dem Wasser haben wir gut geschlafen. Das Vibrieren und das Geräusch der Schiffsmaschinen störte uns nicht. Im Gegenteil, das Steigen und Fallen des Bugs übertrug sich angenehm auf den Körper. So muss sich früher ein kleines Kind gefühlt haben, wenn es in einer Wiege in den Schlaf gewiegt wurde. Einfach schön.

Auf dem Schiff Hochbetrieb. Die ganzen Decks wurden von Matrosen abgespült. Sie waren dabei sehr fröhlich, lachten uns an, als wir zur Brücke gingen, um den Wachhabenden zu fragen, wo wir uns gerade befinden. Auch der Kapitän war in bester Stimmung, der noch immer oder schon wieder Wache hatte. Alle sind anscheinend froh, wieder auf See zu sein. Es war auch zu schön, was wir sahen. Nur Wasser um uns herum, so blau wie der Himmel. Die bunten Badehäuschen an der holländischen Küste, dicht an dicht stehend und noch fest verschlossen. Etwas entfernt einige Schiffe, und die Luft auch schon wärmer als gestern auf der Weser.

Nach dem Frühstück und dem Aufräumen in unserer Kammer lief ich zwei Runden auf dem Unterdeck. Erhitzt setzte ich mich vorn am Bug auf einen der Poller. Was für eine Ruhe. Nichts war von den Arbeiten auf dem Schiff zu hören. Nur die Wellen, die gleichmäßig an die Schiffswand klopften.

Wieder zurück, saß vor unserem Fenster ein kleiner Piepmatz. Ich holte ganz schnell eine Schale aus der Teeküche und füllte sie mit Wasser. Zuerst hatte der kleine Spatz Angst und flog ein Stück von mir weg, aber dann war der Durst doch größer. Später entdeckten wir auch noch eine Taube.

Zum Mittagessen eine klare Suppe, eine Scholle – wer wollte, auch zwei – mit Butterkartoffeln. Als Nachtisch eine Banane und Kaffee. Anschließend eine Stunde Mittagsschlaf, danach Kaffee und ein Stück Stachelbeertorte, massig, aber gut. Wenn das so weitergeht, werde ich wohl meine immer noch gute Figur verlieren. Also werde ich künftig meine Runden pro Tag auf zehn erhöhen.

Ab 16 Uhr standen Harald und ich mit dem Fernglas auf der Außenplattform der Brücke. Wir fuhren durch den engen Ärmelkanal, was höchster Wachsamkeit des Kapitäns, des Ersten Offiziers und eines Matrosen bedurfte, denn der Fährbetrieb war groß und mehrere Yachten und Segelboote umkreisten uns. Winzig klein wie Spielzeugschiffchen sehen sie von der Brücke aus. Ich denke, mancher Bootsführer und auch Segler wäre noch vorsichtiger, wenn er sein Boot einmal so von oben sehen könnte. Doch da die »Warschau« noch in Ballast fährt, also noch hoch aus dem Wasser ragt, war die

Fahrrinne überall tief genug. Auf der Rückfahrt, wenn sie beladen ist, könnte es bei diesem Schiffsverkehr weit schwieriger sein. Dann um 19 Uhr links Calais und rechts Dover mit den Kreidefelsen. Ein wunderschöner Anblick mit der noch immer blauen See davor. Dazu das Spiel der Möwen. Mal überm Felsen, mal überm Wasser, dann wieder gegen alle Gesetze der Schwerkraft auf der Stelle schwebend. All das kann einen schon zum Verstummen bringen.

Nach dem Abendessen im Salon noch ein »Scrabble«, dann zur Brücke, um dem Kapitän eine gute Wache zu wünschen. Wir sollen gut auf uns aufpassen, meinte er, es gebe vielleicht eine leichte Dünung.

Die Uhr um eine Stunde zurückgestellt.

18. April: Karsamstag, bis gestern wusste ich nur rein theoretisch, was eine Dünung ist: ein durch Wind hervorgerufener Seegang. Jetzt, nach dieser Nacht, weiß ich, was es bedeutet, wenn sich Wind und Wasser zusammentun, welche Kraft sich da entwickelt. Lange Wellen von zwei, drei oder fünf Meter Höhe stemmen sich gegen das Schiff, sodass man im Bett von einer Seite zur anderen rollt. Alles, was frei im Raum steht oder liegt, rutscht quer durch die Kabine, und die Kleiderbügel klopfen heftig an die Schrankwand. Einmal an die linke und dann an die rechte, wobei die See, welche Täuschung der Natur, etwas weiter entfernt völlig glatt liegend aussieht.

Also schnell aus dem Bett, barfuß und breitbeinig, um das Gleichgewicht zu halten, nach dem Radio haschen, Bücher und Wassergläser in eine Schublade packen und dann genauso schnell zurück in das breite Bett, aus dem man bei einer wohl doch nur leichten Dünung noch nicht herausfallen kann. Am frühen Morgen nochmals ein kurzes Schaukeln, dann lag unsere »Warschau« wieder ruhig in der See.

So konnte ich nach dem Frühstück vier Runden laufen und später mit einem Buch zum ruhigen Vorschiff gehen. Wir fuhren mit 16 Knoten und waren am Mittag zwölf Uhr aus dem Kanal. Jetzt auf dem Atlantik sind nur noch selten Schiffe zu sehen. Nicht, dass es außer uns keine mehr gibt, sie verteilen sich nur auf eine größere Fläche.

Nach dem Abendessen zum ersten Mal ein Plausch mit dem Chief. Wir sahen uns seither nur mal kurz beim Essen oder auch nicht, denn er hatte vor dem Auslauf viel zu tun, und das tief unter den Wellen. Später, wenn auf dem Schiff alles seinen gewohnten Gang geht, möchte er uns seinen Arbeitsbereich zeigen.

Ursprünglich wollten Mosso und ich nach dem Abendessen die Tische für den Ostersonntag schmücken. Aber nach der vergangenen Nacht war uns das zu riskant. Also legten wir schon die Tischtücher bereit und vereinbarten, uns morgen in der Frühe in der Messe zu treffen. Anschließend noch auf der Brücke, wo wir hörten, dass mit uns 29 Personen an Bord sind. Davon 15 Seeleute, den Bordschlosser mit dazugerechnet.

Die Uhr um eine Stunde zurück.

19. April: Ostersonntag. Wie verabredet haben Mosso und ich heute früh die Tische mit den hübschen Dingen, die wir vor dem Auslauf an Bord brachten, geschmückt. Auf zwei Vasen verteilten wir die Birkenzweige, die im Kühlhaus frisch geblieben sind, behängten sie mit Häschen, Küken und Eiern aus bemaltem Holz. Dann schütteten wir einfach zwischen Teller und Tassen die kleinen bunten Zuckereier. Dazwischen, allerdings vorsichtig und einzeln, die gefärbten Ostereier und die lecker gefüllten aus Schokolade. Zum Schluss noch auf jeden Teller einen sitzenden Hasen mit langen Ohren und einem Glöckchen um den Hals. Die eine Vase stellten wir auf den Tisch am Fenster. Die andere nahmen wir zur Mannschaftsmesse mit. Statt Süßigkeiten zwei Kästen Bier und

auf jeden Teller ein gefärbtes Osterei. Das mit dem Bier war ein Tipp von Mosso.

Die Überraschung war in beiden Messen groß. Auch von Mosso, dem Bäcker und dem Koch, für die unter den geschmückten Zweigen große Schokoladeneier lagen, gefüllt mit Pralinen und einer großen Schleife drum herum.

Nach dem Frühstück, bei dem es heute recht locker zuging, besuchten wir die Mannschaft, um auch ihr einen schönen Ostersonntag zu wünschen. Einigen davon sind wir schon begegnet, andere waren uns noch fremd. Vielleicht weil sie Wache oder sonst wo Dienst hatten, sodass sie am Tag den Schlaf nachholen mussten. Sie freuten sich auf den gemeinsamen Grillabend, der heute auf dem Unterdeck stattfinden soll.

Da dort schon Holzbänke und Tische aufgestellt wurden, ja sogar bunte Glühbirnen an Kabelschnüren über das Deck gezogen waren, bin ich gar nicht gelaufen. Ich ging nach oben, um wenigstens einmal in meine Studienhefte zu schauen. Plötzlich – einfach so – schüttelte und rüttelte sich unsere »Warschau«, sodass der Aschenbecher, der Wecker, das Radio und die Bücher ins Rutschen kamen. Meine Schreibmaschine, noch im Koffer, schoss quer durch den Raum, und ich konnte mich gerade noch mitsamt dem Stuhl, auf dem ich saß, am Schreibtisch festhalten. Das war keine Dünung, das musste etwas anderes sein, denn das gleichmäßige Geräusch der Schiffsmaschinen war nicht mehr zu hören. Nach gut einer halben Stunde war dieser Spuk vorbei. Es war ein Stopp, weil Herr Meyer den Wasserkessel reparieren musste, in dem aus dem Meerwasser das Gebrauchswasser zubereitet wird. Er schaffte nur noch zehn Tonnen am Tag, was für den Bedarf an Bord zu wenig war. Wir standen also und waren für die Wellen nur ein Spielball.

Ansonsten war aber eine Ruhe an Bord, wie wir es noch nicht erlebt haben. Ich denke, dass alle, die frei hatten, einfach ausruhten, denn es war seit langem der erste Sonntag, an dem sie tun und lassen konnten, was sie wollten. Dazu hat unser Funker, der die Bücher ausgibt, die Bibliothek heute am Sonntag geöffnet. Wir wollten uns auch mal umsehen und waren überrascht, wie viele Männer da anstanden. Es gab Bücher, deren Inhalt man schon am Deckblatt mit den halb nackten vollbusigen Damen erkennen konnte und die von manchen Matrosen verschämt unter den Arm geklemmt wurden, als sie mich in der Schlange entdeckten,. Es gab Krimis und tatsächlich viele Bestseller amerikanischer Autoren, von denen wir zu Hause gehört, die wir aber noch nicht gelesen hatten. Das war natürlich sehr erfreulich.

Nach dem Festessen zum Mittag und der Schokoladentorte zum Kaffee war der Grillabend genau das Richtige. Frische Luft, vermischt mit dem Geruch des Meeres. Ein frisch gebackenes Stangenbrot mit gegrilltem Fleisch und einigen Scheiben Tomaten und Salatgurke auf dem Teller, dazu Musik aus dem Radio, Gespräche mit den Ingenieuren und einigen Matrosen, die nicht nur sehr angenehm, sondern auch sehr interessant waren, und noch viel wichtiger – wir gehörten dazu!

Gefehlt haben der Funker, der Kapitän und Mr. Wood. Der Kapitän war schon zu Bett gegangen, da er morgen früh Mr. Wood von der Nachtwache ablöst. So haben wir dem Zweiten Offizier eine gute Wache gewünscht, uns noch einen Gin Tonic gemixt. Während Harald schon schläft, schreibe ich in mein Tagebuch. Die Musik vom Unterdeck ist leise zu hören. Lese dann nochmals das Geschriebene durch und stelle fest, dass es ein anderer, aber ein schöner Ostersonntag war.

Die Uhr um eine Stunde zurück.

20. April: Ostermontag. Wir haben einen wunderschönen Morgen. Blau der Himmel und blau das Meer und noch wärmer als an den letzten Tagen. Nun, wir fahren mit Kurs auf die Azoren.

Nach dem Frühstück drei Runden Lauf, dann hoch zur Brücke, wo sich schon wieder Harald befand. Die beiden, er und der Kapitän, verstehen sich so gut, dass Harald den Drehsessel des Kapitäns benutzen darf und er heute eine Karte bekam, auf der er jeden Tag um zwölf Uhr unseren Standort eintragen kann. Auch wenn ich lieber geblieben wäre, ging ich zu unserer Kammer, um endlich ernsthaft für das Studium zu arbeiten. Nach zwei Stunden hatte ich wieder den Anschluss gefunden und die Disziplin, ohne die man ein Fernstudium gar nicht anfangen soll.

So saß ich also richtig zufrieden beim Mittagessen, und genauso entspannt lief ich nochmals drei Runden und staunte selbst, als ich mich nach dem Nachmittagskaffee mit einem köstlichen Käsekuchen schon wieder auf dem Weg zum Unterdeck befand, um meine restlichen vier Runden abzuleisten, wobei mir ganz überraschend Herr Henke Gesellschaft leistete.

Ich war froh, dass ich nicht allein war, denn bei diesem inzwischen hohen Wellengang war es nicht das reine Vergnügen. Klatschnass kamen wir zurück, nicht nur vom Schweiß, auch von den hohen Wellen, die über die Reling schwappten. Herr Henke meinte, dass sich in der kommenden Nacht zeigen würde, ob wir seefest sind.

Die »Warschau« wurde am Abend immer unruhiger. Die hölzernen Buchstaben auf dem Scrabblebrett kamen ins Rutschen, sodass ein Spiel unmöglich war. Also gingen wir zur Brücke, auf der das Radio eingeschaltet war und der Kapitän der Übertragung eines Konzerts lauschte. Er freute sich sehr, als er uns sah, und machte mir sofort seinen Sessel frei. Es gebe eine unruhige Nacht, meinte auch er. Er hoffe, dass wir wirklich seefest sind.

Dann schauten wir drei stumm hinter der großen Isolierscheibe auf die dunkle See. Außer dem Lichtschimmer einiger Knöpfe und Schalter an dem Radargerät und anderen Instrumenten war auch der Raum dunkel. Das Konzert für Flöte und Harfe mit Orchester in C-Dur von Wolfgang A. Mozart war gerade verklungen, da wurde von demselben Sender der »Osterspaziergang« aus Faust 1. Teil angekündigt. Ich betete für meine Familie und dankte Gott für diesen Abend auf der »Warschau«.

Die Uhr um eine Stunde zurück.

21. April: Das Schiff bebt! Das war keine leichte Dünung! Man musste schon gut zu Fuß sein und sich fest am Geländer des Niedergangs halten, um die Messe ohne blaue Flecken zu erreichen. Dort wartete Mosso – zuerst fragend, dann strahlend, als wir mit großem Appetit nach den Brötchen langten.

Wir sind also wirklich seefest, was mit großer Erleichterung von der ganzen Besatzung aufgenommen wurde. Mosso erzählte, dass wir durch diese Dünung vier Stunden verloren haben. Und damit es nicht noch mehr werden, war schon viel an Ballast aufgenommen. Es ging wirklich auf und ab. Einmal war vor dem Fenster das aufgewühlte Meer zu sehen und dann wieder nur der Himmel. Jetzt wurde mir klar, wie wichtig diese so genannten Schlingerleisten an Tischen und Schränken in der Teeküche, im Salon, in der Kombüse und an unserem runden Tisch waren. Diese aufgesetzten Holzleisten verhinderten das Abrutschen des Geschirrs. Trotzdem schepperte es überall, das Schiff bockt!

Schreiben war unmöglich, Laufen war unmöglich, also erklärte ich diesen Tag zu meinem Waschtag. Ging vorsichtig unter Deck, wo die Hitze in den Gängen stand und der Lärm durch das Stampfen der Schiffsmaschinen noch größer war als im Dock in Bremen. Aber die »Underdogs« freuten sich riesig, als sie mich sahen, und erzählten mir mal so zwischendurch, woher sie kommen, warum sie zur See fahren, fragten, warum wir auf einem Frachter eine Seereise machen. Also – eine Begleitung zur Waschküche brauche ich nicht mehr.

Wieder oben, hörte ich schon im Salon ein heftiges Klopfen und Rufen. Der Türgriff an der Badtür war abgefallen, sodass Harald dort eine längere Zeit verbringen musste. Aber er hatte zuvor Delfine gesehen und auf der Brücke mal wieder einen Frachter, der mit Containern auf der Heimreise nach Rostock war. Mr. Wood hat mit dem Kapitän gesprochen und wunderte sich gegenüber Harald, dass auch dieser, wie die anderen aus der DDR, unfreundlich reagierte. Als typischer Engländer hat er wohl von dem Mauerbau gehört, sich aber mit dem Problem nicht näher befasst. So war er jetzt für Harald ein guter und dankbarer Zuhörer.

Am Nachmittag Lernen, Bügeln und ein Schläfchen, denn der Tag wird ein langer sein. Um Mitternacht werden wir an der portugiesischen Insel Flores vorbeifahren. Auf ihr werden Früchte für Spanien und Portugal angepflanzt. Ein täglicher Schiffsverkehr nach Lissabon ist eingerichtet. Ferner gehen die 6600 Bewohner auf den Walfang. Die Insel mit einer Steilküste hat mehrere hohe Berge. Der höchste misst 1100 Meter und die Hauptstadt ist Santa Cruz.

Wir müssen an Zeit aufgeholt haben, denn um 21 Uhr sahen wir schon die Feuerlichter. Um 22 Uhr fuhren wir an ihr vorbei. Auf dem Radar waren die Umrisse genau zu sehen und durch die Straßenbeleuchtung war zu erkennen, wie hügelig die Insel ist, denn die Straßen führen alle nach oben. Fast vorbei, verzog sich die Wolkenwand, sodass wir mit Hilfe des Mondes und des Nachtfernglases die Insel Flores sehr gut sehen konnten.

Es ist nicht leicht, dem Leser, der ja nicht dabei war, zu erklären, warum man wegen einer kleinen Insel auf den Schlaf verzichtet. Auf einem Frachter ist der Gast voll in den Ablauf eingebunden. Er kann überall sein, wann er will, wo er will, und erlebt dadurch sehr nah das Reizvolle einer solchen Seefahrt, aber auch die Schwierigkeiten, mit denen die gesamte Mannschaft fertig werden muss.

Deshalb ist es nicht alleine die Insel, die da mitten im Atlantik liegt. Dazu gehören die Gespräche, die auf der Brücke geführt werden. Das Rollen der Dünung, das Geräusch der Motoren, das Vibrieren des Schiffs und das Erlebnis, dass ganz plötzlich der Schein des Mondes wie ein Silberteppich auf dem Wasser liegt. Es ist mir alles auch heute noch so nah, dass ich das, was ich beschreibe, fühle, höre und sehe, ja sogar noch rieche und schmecke.

Die Uhr eine Stunde zurück.

22. April: Zuerst dachten wir, es würde regnen, dann hörten wir Stimmen. Es waren zwei Matrosen, die das Deck abspülten und dabei das Vögelchen neben der Schale tot gefunden haben. Die Taube haben wir nicht mehr gesehen. Vielleicht ist sie in der vergangenen Nacht zu der Insel Flores geflogen. Obwohl ich lange am Bug stand und Ausschau hielt, auch mal Delfine zu sehen, war wieder nicht eines dieser possierlichen Tierchen in unserer Nähe. Das war schon eine Enttäuschung. Dafür fuhr ein russischer Frachter an uns vorbei. Fachmännisch ein Mitlöper. Er war total verrostet, aber der Gruß unseres Wachhabenden wurde von dort erwidert. Das erneute Tuten von unserem Schiff, als ich auf dem Rückweg war, konnte ich nicht deuten. Erst beim Mittagessen erfuhr ich dann, dass mir der Kapitän auf der Brücke mit diesem Tuten signalisieren wollte: Delfine! Was für ein Service!

Später noch studiert, dann mit Herrn Henke gelaufen, was gut tat. Bei den letzten beiden Runden nahm auch Mr. Wood teil. Er wollte es mal versuchen, ob es ihm gut tut. Vor dem Schlafengehen noch zur Brücke, wo heute Herr Bosenich Wache hielt. Bei ihm der Hauptmatrose, auf einem Schiff der Marine der so genannte Maat. Also war der Inhalt unseres heutigen Gesprächs die Bundesmarine, in der beide davor zur See gefahren sind.

Für morgen sind Regen und eine erneute unangenehme Dünung angesagt. Also schnell ins Bett.

Die Uhr um eine Stunde zurück.

23. April: Der Seewetterdienst hatte Recht. Es hat geregnet und unser armes Schiff wird wieder von einer Dünung wirklich lieblos behandelt. Heute aus allen Richtungen. Ich bin wirklich nicht gut zu Fuß und Harald hat große Mühe, das Gleichgewicht zu halten. Es strengt an, die Betten zu machen, sich zu waschen und die Zähne zu putzen. Wir staunen, wie die Matrosen trotzdem auf den Leitern stehen und die Schiffswände weiß anmalen und

andere sich angeseilt mit dem Farbtopf über die Reling hinunterlassen. Allen Respekt.

Aber wie schon so oft wurde es gegen Mittag sonnig und warm, sodass ich mit einem Buch zum Bug ging, wo es heute zum ersten Mal sehr laut und unruhig war, fast beängstigend. An Lesen war gar nicht zu denken.

Da wurden die sich überschlagenden hohen Wellen von einem stürmischen Wind auf das Schiff herangetrieben, stiegen dann an der Seite hoch auf, bevor sie das Deck mit weißer Gischt bedeckten. Wenn dann die Gischt durch das Speigatt und durch die Wasserpforten abgelaufen war, schüttelte sich die »Warschau«, um gleich in den nächsten Wellenberg zu stoßen. Was für ein Getöse, was für ein Rauschen, ein unbeschreibliches Erlebnis, das sich noch steigerte, als ich in diesem Aufruhr des Atlantiks einen schwarzen Körper sah – einen Wal, der eine hohe Wasserfontäne ausstieß!

Am Nachmittag, trotz der großen Aufregung des Vormittags, habe ich einige Arbeiten für das Studium abgeschlossen. Den Lauf mussten wir ausfallen lassen, dafür spielte ich mit Harald vor dem Abendessen einen »Scrabble«. Danach ein Plausch mit dem Kapitän, der es nicht gerne sieht, wenn ich bei solchem Seegang vorn am Bug alleine bin. Doch da wird sich nichts ändern. Es ist mein Lieblingsplatz und das Alleinsein tut mir recht gut. Nach diesem Eintrag noch duschen und ab ins Bett.

Die Uhr um eine Stunde zurück.

24. April: War das eine Nacht! Um halb elf ging es los. Alles fiel wieder nach unten. Ich rutschte im Bett mal nach oben, dann nach unten. Mal schlug mein Kopf an, mal meine Füße. Es war so schlimm, dass ich Licht machte und mich aufsetzte. Draußen stockdunkel und drinnen im anderen Bett an der Wand ein seelenruhig schlafender Harald. Nun ja, er bringt auch mehr Gewicht auf die Matratze.

Aber sonst! Eine Mordsarbeit, irgendetwas zu tun. Wir wurden im Galopp durch das Zimmer gejagt. Das muss man mal erleben. Da waren die Dünungen, von denen ich bereits geschrieben habe, nichts. Wir haben 15 Prozent Neigung, was allerdings laut der Seeleute noch nicht schlimm sei. 40 Prozent – ja, dann wäre es recht unangenehm. In diesem Fall würde man mich mit den am Bett angebrachten Gurten festbinden. Was für eine Aussicht! Ich denke, dass wir durch diese Dünungen auch noch nicht zugenommen haben, denn das Gleichgewicht zu halten braucht schon Kraft und Energie.

Trotz allem, rundherum eine herrliche Luft und durch den Wind eine angenehme Wärme. So werden bald die Liegestühle aufgestellt und über die Außenplattform der Brücke das Sonnensegel gespannt. Ein griechischer Frachter passierte uns, und einen Wal haben wir auch noch gesehen. Und jetzt muss ich aufhören, ich kann kaum mehr schreiben, so tanzt das Schiff.

25. April: Heute morgen ist der Atlantik ein einziges Meer von Helligkeit. Zahllose Sterne glitzern auf den Wellenkämmen, die ein nur noch leichter Wind den gewohnten Takt wieder schlagen lässt – unbeschreiblich schön.

Die Liegestühle sollten aufgestellt werden. Doch die Stoffbahnen waren brüchig und auch schon dort eingerissen, wo sie an dem wackeligen Holzgestell befestigt waren.

»Nein«, sagte der Kapitän, »das geht nicht, die sind zu gefährlich. Da muss ich neue bestellen.« Also brachten Mosso und sein Kollege José einen Gartentisch und einige Stühle zum Schwimmbad, wo schon eine fest verankerte Bank steht.

Wir fanden das ganz toll und verbrachten dort den Tag mit Lesen, Schreiben, Studieren und Malen. Zwischendurch beim Lauf eine Pause am Bug, wo ich leider wieder keine Delfine sah. Aber ich begegnete dem Bordschlosser, der mir von erneuten Schwierigkeiten mit dem Wasser erzählte. Ein Dampfer ist ausgefallen, sodass wir dabei sechs Tonnen Wasser verloren haben. Aus diesem Grund wurde die Waschküche geschlossen.

Für den Abend ist ein Preisskat angesagt und morgen erreichen wir das Bermudadreieck, wo grüne und blaue Männchen auftauchen können. Die blauen sollen hübsch, aber sehr gefährlich sein, die grünen dagegen harmlos und hässlich mit Hüten über den riesengroßen Ohren. »Einfach zum Fürchten«, so der Kapitän. Am späten Nachmittag ganz plötzlich durch einen Sturm hohe Wellen und eine fühlbare Abkühlung. Ist das Bermudadreieck, wo schon viele Schiffe spurlos verschwunden sind, doch kein Märchen?

Während Harald mit dem Kapitän in dessen Kammer einen Campari trank, wünschte ich Herrn Bosenich eine gute Wache, verstaute in unserer Kabine alles bruchfest. Dann noch ein Eintrag ins Tagebuch und – meine Güte, fast hätte ich es vergessen: Harald hatte heute seine kurze Hose an. Einfach süß!

26. April: Es ist warm und die See wieder ruhig, sodass ich nach dem Aufräumen, Laufen und Studieren oben saß und las, heute von einigen Matrosen umgeben, die das Schwimmbad säubern, um es später mit Atlantikwasser zu füllen. Wir können also morgen vor dem Frühstück eine Runde schwimmen.

Eigentlich ein friedlicher Tag, wenn sich da nicht etwas Schlimmes gegen mich zusammengebraut hätte. Der Kapitän will mich ausbooten! Ich würde ihm den Verstand rauben, er könne schon nicht mehr rechnen. Was ist passiert?

Ich habe ihm gestern ein Bild mit lauter grünen Männchen gemalt und dazu geschrieben, dass die Grünen morgen, also heute, um 15 Uhr mit einem Schiff eintreffen würden, denn es wäre ein Skandal zu behaupten, die Grünen wären harmlos und hässlich. Sie wären weder das eine noch das andere. Sie erwarteten deshalb an Bord der »Warschau« Kaffee und Kuchen und dazu eine Entschuldigung des Kapitäns.

Das Bild mit Text legte ich gestern Abend auf den Tisch im Kartenraum. Der Kapitän ging also davon aus, dass ich mit den Grünen unter einer Decke stecke, ja sie angestiftet habe, sein Mittagsschläfchen um 15 Uhr zu stören. Schon alleine daran zu denken ist Meuterei und muss bestraft werden!

Beim Mittagessen teilte ich den anwesenden Herren mit, dass ich ausgebootet werden soll. »Na, dann brauchen wir in Tampa keine Flugverbindung nach Hamburg rauszusuchen«, so unser Chief. Was für ein Spaß!

Es wurde natürlich für die grünen Männchen nichts vorbereitet. Aber Punkt 15 Uhr tauchte am Horizont ein Schiff auf, das uns um 15.15 Uhr passierte. Es war ein spanischer Frachter. Mr. Wood holte mich zur Brücke und funkte, dass unser Kapitän sein Mittagsschläfchen halte, und dann die ganze Geschichte, nachdem der dortige Wachhabende fragte, ob sein Kapitän eine Abmachung vergessen hätte. Sein lautes und herzliches Lachen war auf der Brücke zu hören. »Muchos saludos para la Señora, por favor!«

Es war kurz nach vier Uhr, als der Kapitän zum Schwimmbad kam, im Schlepptau einen strahlenden Mosso, der auf einem Tablett Kaffee, Kuchen und das nötige Geschirr mit Besteck balancierte. Das war schon eine große Überraschung und nach des Kapitäns reiflicher Überlegung soll ich nicht auch ausgebootet werden. Also doch noch ein friedlicher Tag.

Abends auf der Brücke hörten wir eine Ansprache von Bundeskanzler Schmidt, der nicht nur mit seiner Fraktion viel Ärger hat. Er weiß auch nicht, ob die FDP an seiner Seite bleiben wird. Dazu wie an Ostern Demonstrationen der Friedensbewegung mit dem Lied »Feuer, Feuer, unsere Erde wird verbrannt«, was der Bevölkerung Angst macht. Angst vor einem eventuellen Atomkrieg. Aber noch schlimmer: Der Juso-Chef Willi Piecyk, ungerührt durch die Rücktrittsdrohung des Kanzlers, ruft alle Bürger auf, an den

Protesten teilzunehmen, damit die Regierung sich ein bisschen fürchtet. Wie wohltuend, weit weg zu sein.

27. April: Auch heute ist die blaue See nur von einer leichten Brise etwas gekräuselt. Der Morgenablauf wie üblich. Frühstücken, aufräumen, zur Brücke gehen, um dem Wachhabenden einen guten Morgen zu wünschen. Danach drei Runden Lauf wie gewohnt und bis zum Mittagessen am Schreibtisch lernen.

Nachdem ich das Studienheft »Kurzgeschichten« abgeschlossen habe, liegt das nächste vor mir, »Kunst und Technik der Novelle«, und gleich zum Anfang der Leitsatz: Niemals von einer abstrakten Idee oder Tendenz ausgehen und dazu eine passende Handlung konstruieren; immer hingegen zuallererst ein handfestes Stück Wirklichkeit fassen und diesem erst dann seinen Sinn, seinen Gehalt verleihen. Und: Der Novellist strebt nach Konzentration, Kürze, Einheit der Erzählung. Eine Novelle stellt die geschlossene Form dar. Das Schicksal eines oder mehrerer Menschen entscheidet sich endgültig – wird vollendet.

Nun denn ...

Beim Mittagessen (Suppe, gegrilltes Eisbein, Kartoffeln, Krautsalat, Äpfel, Kaffee) bat uns Herr Meyer, ihn heute Abend zu seinem Arbeitsbereich zu begleiten, worauf wir sehr gespannt waren. Doch zuvor das erste Bad an Bord. Mit dabei einige Matrosen, die dienstfrei hatten, und als Zuschauer der Erste Offizier und – wir staunten – unser Funker, ein stiller Mann, der ganz selten seine Funkstation verlässt.

Was ist das für ein Leben! Baden, sich sonnen, dabei den wenigen Wolkenfeldern zuschauen, wie sie über uns hinweg in die unendliche Weite ziehen. Und dann noch zum Abendessen Reibekuchen und Apfelkompott. Darüber ein Gemisch von Zucker und Zimt.

So folgten wir also gut gestärkt Herrn Meyer in den Bauch der »Warschau« und stiegen wie er auf der schmalen Eisenleiter rückwärts nach unten, wo uns eine riesengroße Hitze und ein unheimlicher Lärm in Empfang nahmen, obwohl wir Lärmschützer über den Ohren hatten.

Man hat ja keine Vorstellung, was da alles vorhanden sein muss, um ein Schiff in dieser Größe in Bewegung zu halten. Allein die Hilfsmotoren, dann die Maschinen zur Bearbeitung von Ersatzteilen oder des täglichen Gebrauchs in verschiedenen Handwerksräumen. Schmale Schränke stehen dort und viele Kästen hängen an der Wand, voll mit vernetzter Elektronik, deren Aufgaben im Einzelnen Herr Henke sich bemühte, uns zu erklären. Aber wie soll ein Laie das System eines Frachters verstehen!

Interessant auch, warum der Chief bei einem Alarm den Maschinenausfall so schnell beheben muss. Die »Warschau« läuft noch zwei Meilen weiter, das sind acht Minuten, in denen der Fehler möglichst behoben sein soll, vor allem in einer schweren See.

»Aber wie schaffen Sie es in der Nacht von Ihrer Kammer aus, die doch wie unsere am Oberdeck liegt?«

»Rennen, rennen und dabei den Overall anziehen, was nicht immer gelingt.«

Wir schauten dann den Männern zu, die dabei waren, Kolben zu ziehen, was heißt, dass sie Kolben reinigen. Diese Männer arbeiten in drei Schichten, also vier Stunden bei diesem Lärm, bei dieser Hitze. Anschließend allerdings acht Stunden frei, sodass es erträglich ist.

Wieder frisch geduscht saßen wir anschließend noch sehr beeindruckt von dem, was wir sehen durften, in Herrn Meyers Kammer. Genauso groß, so schön wie die vom Kapitän. Also Wohnraum, Schlafraum und Badezimmer. Nicht anders soll auch der Erste Offizier wohnen.

Er erzählte von seiner Familie, von seiner Frau, die Afghanen züchtet, von seinem Wunsch, in Kanada zu leben, und natürlich auch von lustigen Ereignissen auf einem Schiff, denn er ist ein fröhlicher Mensch, der uns oft zum Lachen bringt. Und so wurde es wieder sehr spät.

28. April: Eine Viertelstunde vor sieben waren Harald und ich bei herrlichem Wetter und ruhiger See schon schwimmen. Da wir um zehn Uhr auf der Brücke sein sollten, schaute ich mir die technischen Unterlagen von der »Warschau« an, die mir der Chief, wie gestern versprochen, auf meinen Frühstücksteller gelegt hat. Warum wir wohl um diese Zeit auf der Brücke sein sollen? Hat einer der Herren vielleicht Geburtstag? Dort auch schon der Kapitän, Herr Meyer, der Erste Offizier nebst Mosso mit Gläsern in der Hand, vor ihm ein Kübel mit eisgekühltem Sekt.

Nun, wir haben Great Abaco, die nördlichste Insel der Bahamas, erreicht. Und wenn man auf der Landkarte die schmale Straße zwischen Florida und der Insel Nassau sieht, in die wir nun einmünden, ist das schon ein Glas Sekt wert. Dazu für uns die Gelegenheit, den Herren für die bisherige Reise zu danken.

Es ist heiß geworden, sodass die Klimaanlage angestellt wird und Herr Bosenich die Sonnensegel über die Außenplattform der Brücke spannen lässt. Nach einem solchen Sektfrühstück hatte ich keine Lust, am Schreibtisch zu sitzen. Da ging ich lieber zu meinem Lieblingsplatz, vielleicht habe ich das Glück, fliegende Fische zu sehen. Und wirklich – ganze Schwärme waren es, die da vor der Bugspitze aus dem Wasser schossen, um dann in der Luft wie Kolibris zu schwirren. Bis zu 40 Meter weit sollen sie durch die Luft gleiten können, wobei ihnen ihre ásymmetrische Schwanzflosse hilft. Normalerweise springen sie so 1,50 Meter über der Wasseroberfläche, bei günstigen Aufwinden sogar bis zu sieben Meter. Dabei bricht sich in ihren nassen Flügeln das Sonnenlicht in den Farben des Regenbogens. Unbeschreiblich schön.

Am Nachmittag wieder baden, sonnenbaden, lesen und mit den Matrosen plaudern, die nun das obere Deck mit weißer Farbe verschönen. Zum Abendessen ein serbisches Reisgericht und frische Rosinenbrötchen zum Kaffee oder Tee. Harald nahm anschließend mit dem Kapitän einen Drink, während ich nochmals in unsere Kammer ging, wo es jetzt durch die Klimaanlage sehr angenehm war. Ich wollte mir die technischen Daten noch etwas genauer ansehen.

Es war so gegen halb neun, als mich Harald auf die Brücke holte, da wir ziemlich nah an Miami vorbeifuhren. Mit dem Nachtglas konnten wir die Lichterketten entlang der Straßen sehen, auch die vielen hell erleuchteten Fenster in den Hochhäusern. Davor auf dem Wasser Fischerboote, deren Positionslampen wie Sterne auf dem Wasser tanzten. Augenblicke, die man nicht mehr vergisst.

29. April: Um sieben Uhr schwimmen, danach der übliche Ablauf. Ich saß schon am Schreibtisch – Alarm! Also ganz schnell die Schwimmwesten raus, rein in eine lange Hose und in die Turnschuhe. Harald kam völlig außer Atem vom Vordeck gerannt, er schaffte es gerade noch, mit den Letzten der Besatzung am Unterdeck anzukommen, unter denen Matrosen waren, die wir noch nie zu Gesicht bekamen.

Wir beide wurden dem Rettungsboot zugeteilt, in dem die »Drei Heiligen« sein würden, was bedeutet, dass bei einem Ernstfall unser Boot als letztes zu Wasser gelassen wird. Da die Boote schon vorher überprüft wurden, hatte man auf diese Probe verzichtet. Allerdings müssen wir das nächste Mal noch eine warme Jacke überziehen und, wenn möglich, Papiere einstecken, die uns ausweisen.

Wir waren also inzwischen im Golf von Mexiko und werden heute Abend gegen neun Uhr in Tampa anlegen, worüber wir gar nicht begeistert waren. Wir haben uns schon so an den Trott gewöhnt. Vielleicht wurden wir auch von der spürbaren Nervosität der Besatzung angesteckt.

Aber sonst? Nur Schönes, denn die fliegenden Fische kamen nun in Scharen. Segelboote, Yachten und viele Fischerboote waren zu sehen und entlang der Fahrlinie weiße Kugeln, an denen Körbe hingen, mit denen die Fischer Krebse fangen.

Ab acht Uhr waren wir mit auf der Brücke. Eine halbe Stunde später war die Seefahrt für den Kapitän beendet – der Lotse kam an Bord, am Ruder der Hauptmatrose. Im Zickzack ging es an den Bojen vorbei, dann unter Tampas Brücke durch, die im Dezember des letzten Jahres von einem Schiff gerammt wurde, was man auch heute noch dem Brückenpfeiler ansehen kann. Kurz vor Mitternacht zogen uns die Schlepper zum Liegeplatz. Eine halbe Stunde später hatten wir angelegt. Das war also der Hafen von Tampa, in dem wir Phosphate aufnehmen werden. Ich habe noch heute den Geruch in der Nase, wenn ich an diesen Hafen denke. Man roch die Nähe des Wassers und die Mischung von Eisen, ausgelaufenem Öl und Fisch.

Um ein Uhr kam die Passkontrolle an Bord. Der Kapitän hatte uns schon erzählt, sollte die eine bestimmte Dame vornehmen, gebe es jedes Mal Ärger. Sie würde immer einen Grund zum Meckern finden. Und es war tatsächlich diese Frau, und es war mein Visum, das sie beanstandete, obwohl Haralds Stempel, der ganze Eintrag im Pass nicht anders zu lesen war. Sie wollte mich also nicht an Land gehen lassen. Harald meinte, das sei mal wieder der typische Stutenbiss. Na ja, er muss es ja wissen! Kurzum, bevor die Beamten um drei Uhr von Bord gingen, füllte sie doch noch den Schein aus, der mich berechtigte, am 30. April amerikanischen Boden zu betreten.

30. April: Und das war dann am Morgen nach dem Frühstück. Die Stimmung war weder bei uns noch bei der Besatzung gut. Dazu war es sehr heiß, auch in dem Taxi ohne Klimaanlage, das uns zur Stadt brachte. Zuerst kauften wir 15 (!!) Ansichtskarten, auf die wir in einem ruhigen Eiscafé von unseren bisherigen Erlebnissen schrieben. Dann suchten wir das Telefonamt, um mit Antje, unserer Ältesten, zu telefonieren, was auch gelang, nachdem wir viel Kleingeld zum Nachlegen hatten. Anschließend

zur Post, um die beschriebenen Karten und die ersten Kassetten abzuschicken.

Das Stadtviertel, in dem wir uns befanden, war nicht schön. Einzig das Sheraton-Hotel machte einen guten Eindruck, sodass wir dort eine Kleinigkeit gegessen haben. Auf dem Weg zum Taxistand kauften wir für Harald einen Strohhut und an einem Kiosk drei Stränge Lollies für die »Drei Heiligen«.Und dann hatten wir nichts anderes mehr im Kopf, als so schnell wie möglich an Bord zu kommen.

Harald ging zum Abendessen, ich unter die Dusche und ab ins Bett. Hörte noch, dass wir morgen um zehn Uhr auslaufen, dachte an Hans-Joachim, der mit Ralph und Cerstin in seinen morgigen Geburtstag reinfeiern wird, und schlief dann einfach durch – zwölf Stunden an einem Stück.

1. Mai: Von einem heftigen Klopfen des Kapitäns an unserer Tür wachten wir auf. Wir laufen früher aus! Also schnell ins Bad und in die Kleider. Auf der Brücke schon der Lotse, daneben am Ruder ein Matrose. Alles ging schnell, die Schlepper drückten die »Warschau« vom Pier, sodass ein Strudel von diesem schmutzigen Wasser im Hafen hochwirbelte. Drei Stunden dauerte unsere Fahrt bis zum offenen Golf von Mexiko, wo wir nun die Strecke von gestern Abend im gleißenden Sonnenlicht sahen.

Viele Yachten durchkämmten das Wasser, eine Farbpalette vom zartesten Grün über Türkis, Flaschengrün und mehreren Blaus. Wilde Pelikane verfolgten uns, flogen ganz flach über das Schiff, um sich dann wie ein »Stuka« (Sturzkampfflugzeug im Zweiten Weltkrieg) senkrecht ins Wasser zu stürzen. Adleraugen müssen sie haben, denn ganz selten flog einer ohne einen zappelnden Fisch im Schnabel nach oben.

Und dann tauchten plötzlich vor unserem Bug Delfine auf. Der andere Schwarm dieser lustigen Tiere sprang über die Wellen am

Heck, die von der »Warschau« wie Schaumfurchen zurückgelassen wurden. Sie begleiteten uns in geringer Tiefe, um gleich wieder neben dem Schiff auftauchen zu können.

Wir kamen aus dem Staunen nicht mehr heraus. Dieser Strand mit weißem Sand, der von kristallklarem Wasser sanft überspült wird. Dahinter Villen, eingebettet in Gärten mit Palmen und blühenden Hibiskussträuchern. Badende, die uns zuwinkten, und eine Mannschaft, die froh ist, wieder auf See zu sein.

Ein kurzer Mittagsschlaf, bei dem wir feststellten, dass das Schiff jetzt mit der Ladung von Phosphaten viel ruhiger liegt. Ebenso beim Baden ohne den gewohnten Wellengang, der das Wasser manchmal an die Wände klatschen ließ.

Nach dem Lauf eine kurze Pause am Bug. Heute ohne Herrn Henke und Mr. Wood, die noch keine Zeit dazu hatten. Schade, denn viele fliegende Fische stiegen aus dem Wasser und sieben oder acht Delfine sprangen ausgelassen über die Bugwellen. Wieder ein lustiges Schauspiel, das ich noch mit Rufen, Singen und In-die-Hände-Klatschen anheizte – ein Tipp der Matrosen.

Nach dem Abendessen ein langer Klönschnack mit dem Kapitän und dem Chief in der Messe. Dabei erfuhr ich, dass Harald mit freiem Oberkörper zum Kaffee kam, was nicht erlaubt ist. Auch dass wir morgen an Kuba vorbeifahren und in etwa drei Tagen den Panama-Kanal erreichen müssten. Nun – Harald und ich haben keine Eile. Von uns aus kann die Fahrt auch noch nach Japan gehen. Wir haben Zeit – ein Luxus, um den uns Jüngere beneiden.

2. Mai: Seit neun Uhr am Morgen befinden wir uns im »Canal de Yucatan«, fahren also an Fidel Castros Insel Kuba vorbei, der uns auch sofort ein Küstenwachboot schickte, das uns, solange wir in seinem Hoheitsgewässer waren, begleitete.

Das »Wieder-auf-See-Sein« wurde mit einem Grillabend auf dem Unterdeck gefeiert. Heute noch mehr Auswahl an Leckerem, ob Fleisch, Salate oder Brote, als am Ostersonntag. Jeder grillte sein Fleisch selbst, nur ich wurde von Mosso verwöhnt. Wieder verschwand Harald wegen der lauten Musik sehr früh nach oben. So blieb ich länger, worüber sich die Männer freuten, denn wir waren uns ja nicht mehr fremd. Wir scherzten und lachten zusammen. Ich holte noch dies und das auf den Teller, weil dieser oder jener meinte, das müsste ich unbedingt noch versuchen. Es war sehr schön und wieder stellte ich fest, dass das Benehmen unserer Seeleute mir gegenüber einwandfrei ist. Auch heute trotz Alkohol.

Danach, wie schon gewohnt, noch ein Besuch auf der Brücke, auf der Kapitän Oben Wache hielt. Er machte mich sogleich auf den wunderschönen Sternenhimmel aufmerksam. Zeigte mir draußen auf der Plattform das »Kreuz des Südens«, das von vielen weiteren dicht gedrängten Sternen umgeben war, die so stark funkelten und zwinkerten, dass sie sich im Wasser spiegelten! Ganz klein fühlte ich mich unter diesem Sternenhimmel und blieb noch lange an der Reling stehen. Mit einem leisen »Gute Wache« ging ich zu unserer Kammer.

3. Mai: Es ist Sonntag, an dem auch auf einem Schiff nur das Notwendige verrichtet wird. Also ein ruhiger Tag mit angenehmen Überraschungen, von denen wir allerdings noch nichts ahnten, als wir um sieben Uhr in einem Wasser mit 28° badeten. Die Außentemperatur im Schatten 29°, in der Sonne gut 40°! Ohne Schuhe würde man sich die Fußsohlen verbrennen.

Nach dem Frühstück soll ich doch bitte in die Kombüse kommen, so Mosso, denn dort freuten sich der Koch und der Bäcker über einen Stapel von Küchentücher, die in Tampa an Bord gebracht wurden. Ich habe dem Kapitän erzählt, dass die beiden nach jeder Mahlzeit die noch wenigen vorhandenen Tücher mit der Hand waschen müssen. Nun sind also so viele da, dass sie die schmutzigen für eine volle Waschmaschine sammeln können.

Etwas später die nächste Überraschung. Da standen doch auf der Außenplattform der Brücke unter dem Segeltuch, drei neue Liegestühle und ein Kapitän, der fast so strahlte wie die Sterne gestern Abend, als er unsere Freude sah.

So lagen wir also bis zum Mittagessen und auch wieder danach mit einem Buch in den Stühlen. Wie ein Filmstreifen zogen das blaue Meer und der blaue Himmel mit nur wenigen Wolken an uns vorbei. Sogar Herr Bosenich setzte sich mal kurz in einen der Liegestühle, um uns mitzuteilen, dass wir uns gerade auf der Höhe von Jamaika befinden und morgen den Panama-Kanal erreichen würden, vermutlich aber erst am 8. Mai durchgeschleust würden, da sich schon viele Tagesschiffe angemeldet haben.

Trotz der Hitze schmeckte wie immer das Essen, das gut gewürzt und durch das viele Gemüse und die Salate abwechslungsreich war. Allerdings wird der Bäcker künftig mit dem Mehl sparsamer umgehen müssen. Nicht nur, weil der hohe Boden seiner Kuchen dick macht, auch weil der Vorrat an Mehl dadurch zu schnell aufgebraucht wird.

Nach dem Abendessen lief ich noch vier Runden. Herr Henke und Mr. Wood dieses Mal voraus, denn sie hatten schon fünf Runden geschafft, als ich dazukam. Hat mir nach diesem Faulenzen recht gut getan.

Durch die noch immer während Hitze, die Harald überraschend gut ertrug, waren wir hundemüde. So haben wir uns um neun Uhr nochmals ins Wasser gestürzt, um dadurch etwas frischer ins Bett zu kriechen. Meine Güte, waren wir schlapp!

4. Mai: Harald weckte mich mit Gesang, also raus ins Schwimmbecken und zum Frühstück, wo auf eine Graubrotschnitte eine Scheibe Salami und eine Gurke gelegt war. Darüber zwei Spiegel-

eier, lecker anzusehen. Es fällt mir schon manchmal schwer, all das nicht zu essen. Aber noch mehr Runden bei dieser Hitze wären auch nicht das Richtige.

Harald klönte mit dem Kapitän auf der Brücke, ich setzte mich nochmals an den Schreibtisch, schaute auf den noch einsamen Pool und über das Heck aufs Meer, auf dem heute viele Schiffe zu sehen waren. Frachter in verschiedenen Größen und mit ganz verschiedenen Ladungen, die einen nur mit einem Kran, andere mit zwei oder auch sechs, wie wir, gepflegte und auch total verrostete, und wie versprochen nach dem Mittagessen – Land.

Ja, wir sahen Land. Backbord dicht bewaldete Berge, deren Gipfel von Wolken verhüllt waren. Dabei kam ein frischer Wind auf, sodass die Temperatur angenehm wurde. Noch in der Ferne Colón, die Stadt vor dem Kanal. Es soll eine der farbigsten, aber auch der ärmsten und der heruntergekommensten auf dieser Erde sein. Diebstahl und Raub am Tage seien keine Seltenheit, Straßenkinder, die Prostitution von Mädchen und Frauen oft das einzige Einkommen der Familien.

Am Nachmittag um vier ankerten wir außerhalb. Ich wollte das mal sehen und stand also erwartungsvoll am Bug. Unser Bordschlosser warnte mich, das sei ohne Ohrenschutz nicht zu ertragen, aber ich wusste es ja besser.

Zuerst wurde die Ankerbremse gelöst, sodass die lange Kette durch den Ankerschacht donnerte! Von dort ein dumpfes Dröhnen, das Vorschiff, auf dem ich mich ja aufhielt, vibrierte. Was für ein Getöse, was für ein Lärm und rundherum ein Staub von der wohl rostigen Kette. Ich hielt mir die Ohren zu – ich dachte, ich bekomme einen Herzstillstand. Der Bordschlosser schaute mich nur vorwurfsvoll an, er hatte ja so Recht!

Um uns herum viele Schiffe, so etwa 50 Stück sollen es sein, aber weit weniger, als von den »Drei Heiligen« erwartet wurden. Es könnte also sein, dass wir doch früher durch den Kanal fahren. Obwohl der Staub der Ankerkette nicht bis zum Schwimmbad geflogen ist, sollte das Wasser abgelassen werden. So haben wir noch schnell ein paar Runden gedreht, um am Abend frisch zu sein, da wir die Herren Oben, Meyer und Bosenich als unsere Gäste erwarten. Wir dachten, auf dem Oberdeck, doch unter dem Sonnensegel sei es romantischer, meinten sie. Und das stimmte. Unsere »Warschau« und alle anderen Schiffe waren festlich beleuchtet. Dazu im Westen ein Wetterleuchten und wir entspannt, meist stumm, in einem Vertrautsein, das keine Worte mehr braucht.

5. Mai: Zuerst habe ich nach dem Frühstück den gestrigen Tag mit dem wirklich romantischen Abend im Tagebuch festgehalten. Auch heute ein Wetter, wie man sich's wünscht. Doch leider keine Möglichkeit, sich im Pool abzukühlen. Dort schwamm ein kleiner Hai mit einem ebenfalls gefangenen Pilotfisch. Der kleine Hai soll später als Köder an eine Leine gebunden werden, um einen großen Hai zu fangen. Unvorstellbar! Ich finde das fürchterlich und habe protestiert!

Der Pilotfisch, schlank und mit auffallend eleganten Bewegungen beim Schwimmen, trägt auf dem Kopf ein ovales geripptes Gebilde, mit dem er sich an einem Hai festsaugen kann. Man denkt, so ein fauler Schmarotzer. Aber das ist er nicht, denn auch er hilft dem schlecht sehenden Hai, indem er ihn an die Stelle führt, wo es gerade viel zum Fressen gibt. Ein Nehmen und Geben – das System der Natur.

Wir hatten es sehr heiß, 39° im Schatten, mit vielen tausend Sonnensternchen auf dem Wasser. Doch am Nachmittag waren ganz plötzlich die Schaumkämme der Wellen nicht mehr weiß, sondern grau. Trotz der Sonne, trotz des fast wolkenlosen Himmels war etwas Fahles in der Luft. Ein Gewitter im Anzug? Gegen Abend kam Bewölkung auf, es wurde schwül und es tröpfelte auch ein wenig, was der Beginn der dortigen Regenzeit sein könnte. Hoffentlich nicht.

Beim Abendessen lauter gute Nachrichten. Die Matrosen haben den jungen Hai und den Pilotfisch freigelassen, anschließend das Becken gereinigt und angefangen, es mit frischem Wasser zu füllen, sodass wir in der Nacht noch baden können. Und morgen um acht Uhr kommen die Lotsen an Bord. Ob sie uns nur in den Hafen dirigieren oder ob es gleich durch den Kanal geht, war noch fraglich. Auf jeden Fall müssen wir im Hafen für ein anderes Schiff der Reederei Kisten mit Ersatzteilen umladen.

Unserem Kapitän geht es nicht gut. Er hat einen Schnupfen und dazu das Problem mit der Verdauung, wie so viele Menschen in den Tropen. Wir haben bis jetzt Glück gehabt, halten uns noch recht gut. Dann die große Freude, nicht erst um acht Uhr, nein, schon um sieben Uhr werden wir die Anker lichten und sofort durch den Panama-Kanal geschleust! Eine wirklich gute Nachricht, nicht nur für die Besatzung, auch für die Reederei.

6. Mai: Ein großer Tag – wir fahren durch den Panama-Kanal! Deshalb kurz vor sechs Uhr aus den Betten, schnell gefrühstückt, und schon hörten wir die laufenden Schiffsmaschinen, um halb acht standen wir oben unter dem Sonnensegel.

Das Wetter besser als erwartet. Eine fantastische Wolkenbildung, im Hintergrund die bewaldeten Hügel, davor diese vielen wartenden Schiffe und für mich an der geschlossenen Reling ein Holzschemel, damit ich kleine Person bequem darüberschauen kann. Was für eine Aufmerksamkeit, man möchte schon manchmal die Männer busseln.

Vor der Hafeneinfahrt kamen Zollbeamte und zwei Lotsen an Bord. Sie kletterten einfach von dem Pilotenboot an der hinabgelassenen Strickleiter hoch, während ihre mitgebrachten Aktentaschen an einem Seil hochgezogen wurden. Und so wie die Kisten mit den Ersatzteilen während der Fahrt mit einem unserer Kräne in ein Boot umgeladen wurden, waren wenig später auch die Zollbeamten von einem ihrer Boote aufgenommen.

Sanft und mit viel Kraft drückten uns die Schlepper in den Hafen, in dem zum Teil entlang der Hafenmauer schöne weiße Villen in blühenden, sehr gepflegten Gärten zu sehen waren. Dann auch mal wieder ein Stück des Dschungels, das bis zum Ufer reicht. Vor der ersten Schleuse kletterten noch 16 Männer die Strickleiter hoch. Es waren Männer mit silbernen oder auch einfacheren Helmen auf dem Kopf, die das Schiff an den Lokomotiven festmachen.

Und nun also die erste Schleuse, die Gatun-Schleuse mit drei Kammern. Unser Kapitän etwas nervös, denn nun musste er dem Zusammenspiel von Lotsen, Schleusenmeister, Schleppkapitän und den Männern auf den vier Lokomotiven zusehen, wie unsere »Warschau« an den Stahltrossen Zentimeter für Zentimeter in die stählerne Schleusenkammer von 305 Meter Länge und 33,50 Meter Breite gezogen wird. Maßarbeit!! Wir hatten auf beiden Seiten nur 50 Zentimeter Spielraum! Im Ganzen waren 200 Millionen Liter Wasser nötig, um uns in den drei Becken der Gatun-Schleuse auf 26 Meter über die Meereshöhe zu heben. Dieses Wasser wird aus Stauseen durch ein Tunnelsystem in die drei Kammern gelenkt. Dank der neun Monate Regenzeit ist immer genug Wasser vorhanden.

Eine Stunde dauerte der Vorgang, und immer dicht dabei dieser Dschungel. Wir hörten die Vögel zwitschern oder auch schreien. Sahen die kleinen schwarzen Geier über die Bäume kreisen oder sie in Scharen auf deren Zweigen sitzen. Wilde Pelikane umflogen uns und ganz freche schwarze Vögel, für die extra Brotstücke ausgelegt wurden, bevölkerten alle Decks mitsamt der Brücke. Die konnten wie bei uns die Bauarbeiter pfeifen und dermaßen laut schimpfen wegen eines kleinen Stücks Brot, man glaubt es nicht.

Nach einer 40 Kilometer langen stufenlosen Fahrt zum Gatun-See mit Süßwasser mussten wir dort ankern, da die kommende schmale Strecke nur von einem Schiff befahren werden kann. Wir nutzten diese Stunde, um mit etwas Gekühltem den Durst zu stillen, zu baden und uns mit noch viel mehr Öl einzuschmieren als vorher, denn entlang der Träger meines Badeanzugs zeigten sich rote Streifen und Haralds Rücken war so ziegelrot wie die Erde des Dschungels, Buntsandstein mit Lehm vermischt. Und das trotz des Sonnensegels.

Auf dieser ziegelroten Erde standen im dichten Bewuchs von Mangrovenbäumen und wild wachsendem Gebüsch kleine, niedrige, mit Stroh gedeckte Häuschen, die von der amerikanischen Elitetruppe als Schattenspender genutzt werden. Wie uns der Lotse sagte, werden hier die Einzelkämpfer ausgebildet. Dazwischen waren auch mal Felsen und Wasserfälle zu sehen und etwas höher auf den Bergen Dächer von Häusern, also von Orten, die bewohnt sind. Dazu ein kurzes Stück vor uns ein sehr gepflegtes japanisches Schiff mit Autos auf dem Deck.

Um drei Uhr erreichten wir die Schleuse Gaillard-Cat, wenig später die namens Pedro Miguel. Die 13 Kilometer lange Strecke zwischen den beiden Schleusen war durch hohe Berge so eingeengt, dass man einfach voll Respekt an die Männer denken muss, die hier mal gearbeitet haben.

95.000 Männer aus 97 Nationen waren es, die hier mit einigen Unterbrechungen von 1879 bis 1914 geschuftet haben. 40.000 starben an Gelbfieber, Malaria und Erschöpfung in den Sümpfen. Die Kosten des Baus von 81,6 Kilometer Länge beliefen sich auf 387 Millionen Dollar. Das erste Schiff fuhr am 15. August 1914 durch den fertigen Kanal. Heute sind es pro Jahr 14.000 Frachter oder Luxusschiffe. Beschäftigt sind etwa 7500 Angestellte, vor allem amerikanische Staatsbürger, die allerdings im Jahr 2000 ihren Arbeitsplatz verlieren werden, da dann der von Jimmy Carter unterschriebene Rückgabevertrag an Panama in Kraft tritt. Der damalige amerikanische Präsident hat ihn 1977 unterschrieben, was sehr verschieden aufgenommen wurde.

Das waren einige Daten, aber nun wieder zurück zum Schiff, auf dem Mosso uns allen Kaffee und Kuchen brachte. An der Schleuse Miraflores, die eine Parallelschleuse ist, standen wir neben dem japanischen Autoschiff, auf dem die Offiziere in weißen Uniformen und mit wunderschönen Tropenhelmen zu uns herüberschauten und grüßten. Als sie mich entdeckten, strahlten sie über das ganze Gesicht. Sie klatschten mitsamt ihrer Mannschaft in die Hände, was zur Folge hatte, dass nun unsere Männer mich umringten, sichtlich stolz, eine Frau an Bord zu haben. Ein wunderschönes Erlebnis!

Um fünf Uhr verließen wir die letzte der Schleusen, die uns nun ganz langsam wieder hinab auf Meereshöhe gleiten ließ. Auffallend, je näher wir der Hauptstadt Panamas kamen, desto gepflegter zeigte sich die Landschaft am Ufer. Der Dschungel war zurückgedrängt. Der breite Streifen, mit Flugplätzen, Krankenhäusern, Kraftwerken und Schulen, mit mehrstöckigen Häusern und Villen bebaut, zeigte eine gute Infrastruktur.

Vor der Brücke verließen uns die Festmacher. Im Hafen von Panama-City viele Fischerboote, im Hintergrund das Viertel der Wohlhabenden und die Türme der Hotels, in denen aber ganz selten Touristen absteigen würden, da Panama noch immer das Image für Drogenschmuggler, Glücksjäger, Geldwäscher und aus dem Amt gejagte Staatsoberhäupter nur schwer los wird, meinte einer der Lotsen, bevor er und sein Kollege von Bord gingen. Nun war der Kapitän wieder Herr auf der heil gebliebenen »Warschau«. Für ihn ein Grund, nach der Durchfahrt unter der Brücke die Schiffssirene laut und lange ertönen zu lassen.

Da es die Zeit des Abendessens war und wir auch hungrig, streiften wir nur kurz etwas über. Trotz der Unruhe auf dem ganzen Schiff hatte unser Koch ein Festessen zubereitet. Als Vorspeise eine Kaltschale, dann ein Paprikahähnchen mit Reis oder, wer wollte, auch mit Bratkartoffeln, und einen Blattsalat mit einer schon mal erwähnten besonders guten Kräutersoße. Als Nachtisch eine geeiste Melone, Kaffee oder Tee.

Alle waren müde, aber überaus glücklich über die reibungslose Durchfahrt. Auch die Mannschaft, die sich von den Festmachern bedrängt fühlte, der Koch, der Bäcker und die beiden Stewards Mosso und José fast überfordert von dem Ansturm der Gäste, die einen großen Hunger an Bord mitbrachten. Und natürlich die Ingenieure und Maschinisten unten im Bauch der »Warschau«. Nach dem Essen sind wir zuerst mal geschwommen, danach haben wir uns mit einer kühlenden Creme verarztet. Harald konnte kaum mehr stehen. So gingen wir nur kurz zur Brücke, auf der nun auch Herr Meyer war. Auch er sehr froh über den Verlauf des Tages. Der Kapitän meinte dann noch, vorsichtshalber sollten wir in der Kammer alles festmachen, da die Dünung der kommenden Nacht eventuell unangenehm werden könnte.

7. Mai: Und so war es, unser Schiff bebt! Nun also wieder der gewohnte Ablauf wie vor der Durchfahrt des Panama-Kanals. Das ist vor allem für Harald höchst nötig. Er hat sich vielleicht mit dem langen Stehen doch zu viel zugemutet.

Und was gab es sonst? Wie schon erwähnt, der Pazifik unruhig, sodass sich die Wellen am Ufer der kleinen verstreuten Inseln, an denen wir vorbeifuhren, überschlugen. Sie sind unbewohnt, ein Paradies für viele Vögel, deren Eier manchmal von Männern in Booten kommend eingesammelt werden.

Zwei Möwen flogen mit uns, und der Erste Offizier reinigte sogar das Schwimmbecken selbst, da die Mannschaft ebenso mit der Reinigung der »Warschau« beschäftigt war. Durch die langsame Fahrt im Kanal hat der Schornstein das Schiff mit viel Schmutz bedeckt. Am Nachmittag an Costa Rica vorbei, das leider völlig im Dunst lag, und später einen Schleppzug aus Liverpool überholt.

Auch wenn wir noch von dem gestrigen Tag sehr müde waren und früh zu Bett gehen wollten, hatten wir das große Bedürfnis, dem Kapitän während seiner Wache unsere Eindrücke, unsere Beobachtungen auf dem Schiff im Kanal zu schildern. Ihm zu sagen, was das für ein großes Erlebnis war und wie wir wieder ganz angetan waren von der Harmonie an Bord, trotz Lotsen, trotz Festmacher, trotz der Anspannung.

Während wir uns unterhielten, baute sich plötzlich vor dem Bug eine dichte Wolkenwand auf. Man hätte meinen können, es geht nicht mehr weiter. Dabei backbord entlang dem Horizont ein weißer Streifen und ein einsetzender heftiger Wind, der die Sonnensegel so richtig knallen ließ und uns erschreckte. Trotzdem die Uhr wieder mal eine Stunde zurückgestellt.

8. Mai: Ein Wellenbad bot sich uns heute, so unruhig war die See. Auch hatte ich heute keine Lust, am Schreibtisch zu sitzen. Also ging ich ausnahmsweise gleich nach dem Mittagessen zum Bug, wo einer der Matrosen auf meinem Poller saß, einen Zeichenblock auf dem Knie und Buntstifte in der Brusttasche seines Shirts. Er, aus Pinneberg, ist mir schon aufgefallen, als er sich am Oberdeck mit dem Farbtopf abseilen ließ. Dunkelhaarig, schlank und abends über die Stirn und sein langes, nun offenes Haar ein schmales Band gebunden. Auch von der Statur her unterschied er sich von den anderen. Er malt also.

So setzte ich mich etwas entfernt von dem Künstler auf den anderen Poller, wie meist mit einem Buch. Wenig später, auch das war neu, tauchte unser Bäcker auf. Ich hatte den Eindruck, dass auch er überrascht war, mich zu dieser Stunde vorzufinden. Er war sichtlich verunsichert, entschied sich aber dann doch, zu mir zu kommen.

Er erzählte, dass er zum ersten Mal zur See fährt, was ihm recht gut gefällt. Doch hätte er auch Sorgen, ob seine Freundin auf ihn warte und ob der Kapitän ihn trotz seiner großen Kuchenstücke auch noch auf der nächsten Fahrt mitnehmen werde. Vielleicht könnte ich für ihn ein gutes Wort einlegen. Aber das habe ich abgelehnt, denn es ist schon ein Unterschied, ob ich für mehr Küchentücher plädiere oder mich in Abläufe von eventuellen Problemen mit dem Personal einmische. Ich gab ihm den Rat, sich doch zuerst mit Herrn Bosenich zu unterhalten, da er als Erster

Offizier für die Mannschaft zuständig ist. Dann sprachen wir noch über Backrezepte, sodass ich bei dem Schwatz total meinen Rücken vergaß, auf den die Sonne so richtig brannte. Also schnell ins »Haus« und in der nächsten Zeit nur noch mit einer Bluse nach draußen.

Am Abend noch sechs Runden mit Herrn Henke gelaufen, wobei wir am Bug einige Matrosen sahen, die verstummten, als wir vorbeikamen. Auch das war neu. Nicht neu: die Uhr um eine Stunde zurück.

9. Mai: Um halb sieben regnete es tüchtig, eine Stunde später war alles vorbei. Mr. Wood hatte Wache und amüsierte sich mit uns, als schon wieder ein großer Schwarm von Delfinen buchstäblich angerannt kam. Wie Kinder, die im Winter mit dem Schulranzen auf dem Rücken eine gefrorene Pfütze entdecken und nun übermütig über das Eis rutschen. Man glaubte, das Lachen dieser fröhlichen Bande zu hören.

»Das könnte schon sein«, meinte Mr. Wood und erzählte uns, dass die Delfine in der Welt der Geräusche leben, verschiedene Laute benutzen, um miteinander zu kommunizieren. Jedes Tier hätte seinen eigenen Signal-Pfeifton. Sie könnten Geräusche bis zu 150 kHz aufnehmen, hätten ein hochempfindliches Hörorgan, das sie unter dem Wasser zur Echopeilung auch benötigen, denn ohne diese Fähigkeit wären sie dem Tode geweiht.

Und da Delfine Säugetiere sind, wird der Nachwuchs von der Mutter zehn Monate ausgetragen, mit dem Schwanz nach vorne geboren und mit Hilfe der Mutter und der Tanten an die Meeresoberfläche gebracht. Er wird danach noch zwölf bis 18 Monate genährt, indem die Mutter ihre Milch dem jungen Delfin auf die Zunge spritzt. Was für ein lebendiger Unterricht auf diesem Schiff!

Am Nachmittag war eine Waschmaschine frei. Ich hatte sehr viel, sodass ich mehrmals den Niedergang runter- und wieder hinaufgehen musste. Ein Lauf am Abend war dadurch nicht mehr nötig. So haben wir nach dem Abendessen, Reis mit Schaschlik und ein wieder köstlich zubereiteter Salat, mit dem Zweiten Ingenieur, Herrn Oswald, geplaudert. Die Männer sprechen immer häufiger von ihren Frauen, Müttern oder Freundinnen, der Kapitän möchte sogar demnächst eine Woche der Frau ausrufen. Ich denke, es ist Heimweh und vielleicht auch der morgige Muttertag, der in Deutschland laut Wetterbericht sehr sonnig sein wird und in den unsere Familien schon hinüberschlummern, denn acht Stunden trennen uns jetzt von daheim.

Um zehn Uhr nochmals geschwommen, und da das Schiff wieder mal rollt, schnell ins Bett. Die Uhr um eine Stunde zurück.

10. Mai: Ein herrliches Wetter, also war um sieben Uhr wieder Schwimmen angesagt. Harald musste dann allerdings zum Frühstück vorausgehen, da meine Haare klatschnass waren. Na, ich machte große Augen, als ich in die Messe kam! Vor meinem Platz stand ein wunderschöner Blumenstrauß und die anwesenden Herren an beiden Tischen erhoben sich, um mir zum Muttertag zu gratulieren. Der Stuhl wurde mir zurechtgerückt, die Butter, die Brötchen, die Marmelade, der Honig und das weiche Ei mir zugeschoben. Sie zeigten sich von ihrer besten Seite, sodass Mosso gar nichts zu tun hatte, als mich einfach anzustrahlen.

Und erst der Strauß mit Tulpen in Rot und solche in Lachs. Dazwischen hellgrünes Blatt und dunkelgrüne krause Zweige. Abschließend breite Blätter mit dekorativer Maserung. Darüber eine Stulpe, die mal als Tortenspitze gedacht war. Der Kapitän gab den Auftrag, unser Koch war der Künstler, der ihn ausführte. Die roten Tulpen hat er aus Radieschen geschnitzt, die lachsfarbenen aus Karotten. Das Grün war Lauch, Petersilie und auch einige Kohlblätter. Was für eine Idee! Und da Harald zufällig hörte, dass etwas für mich geplant wurde, ließ er vorsichtshalber in der Kombüse ein paar Flaschen Sekt kalt stellen. Natürlich waren auch Mosso und die beiden Smutjes dabei.

Später dann auf der Brücke die nächste Freude. Mantas sprangen aus dem Wasser und überall waren Schildkröten zu sehen, auf deren Panzer sich Möwen niedergelassen hatten. Auch umkreiste uns eine ganze Flotte Yachten mit Anglern an Bord, die uns zuwinkten, als sie uns »da oben« entdeckten. Vermutlich Urlauber aus Acapulco, das in einer Bucht liegend schon zu sehen war. Weniger schön die Hochhäuser direkt am Strand. Dafür aber auf den Hügeln weiße Villen mit ausgefahrenen Markisen. Der Strand – Costa Grande – mit seinem hellen Sand war breit und säumte mehrere Kilometer das Ufer, davor eine mäßige Brandung. Schon schön, dieses Acapulco mit den vielen Booten auf der blauen See und dem klaren Himmel darüber. Klar, weil es kälter geworden ist. Wir haben nur noch 29° im Schatten.

Nach dem Mittagessen im Liegestuhl gelesen, vielleicht auch mal kurz eingenickt, bis Mosso mit Kaffee und Kuchen kam. So saßen wir also unter dem Sonnensegel, tranken Kaffee, futterten Kuchen und sahen dabei das karge Mexiko an uns vorbeifahren. Mal war in einem Tal auch ein Dorf zu sehen, dann wieder nur weiße Felsen, die aus einem Streifen von grünen wilden Sträuchern schauten. Auffallend dabei, mitten in der See, die vielen schwarzen Möwen über einem unruhigen Wasser, das sprudelte und spritzte und aus dem eine Menge von Fischen wie auf der Flucht hochschnellten. Auch hier wieder ein Zusammenspiel, wie es nur die Natur hervorbringen kann, ein Zusammenspiel von Raubfischen und Möwen. Da werden Fische, hier vermutlich von Haien, an die Wasseroberfläche gedrückt, damit sie von diesen schwarzen Möwen gefressen werden können. Jeden Tag etwas Neues, aber es ist auch manchmal grausam, diesem Spiel der Natur mit ihren Gesetzen zuzuschauen.

Am Abend noch mit Herrn Henke vier Runden gelaufen, wobei uns wieder ein paar Matrosen schweigend zuschauten. Und immer der Matrose aus Pinneberg dabei, der durch sein Stirnband nicht zu übersehen war.

Die Uhr zum letzten Mal zurückgestellt. Von zu Hause trennen uns jetzt neun Stunden.

11. Mai: Heute feiert Katrin ihren fünfzen Geburtstag. Wir wollten sie ursprünglich anrufen, aber da das Gespräch über Amerika gegangen wäre, hätten drei Minuten 100 Dollar gekostet. Und was sind drei Minuten für ein kleines Mädchen, das den Großeltern so viel zu erzählen hat – so haben wir's gelassen.

Einige Matrosen ließen sich wieder über die Reling an der Schiffsaußenwand abseilen, andere verschönerten die Stangen um den Pool. Leider wurden diese Arbeiter ganz schnell durch einen Stopp unterbrochen. Dieses Mal eine Reparatur, die nur mit stillstehenden Schiffsmaschinen ausgeführt werden konnte. Damit ein anderes Schiff sehen konnte, dass unser Schiff manövrierunfähig ist, wurde ein schwarzer Wimpel hochgezogen. Doch wenig später hörten wir schon wieder die Geräusche der Maschinen, der Wimpel wurde eingeholt, sodass aus unserer Sicht das Leben an Bord wieder normal verlief.

Wie gestern auch heute nur 29° im Schatten. So ging ich zu meinem Lieblingsplatz, setzte mich auf den Poller, der die Wärme der Sonne gespeichert hatte und sie nun an mich abgab. Große Schwärme von Tunfischen begleiteten uns und ein schnelles Schiff aus Manila raste an uns vorbei. Die Matrosen machten Freiübungen und turnten an den auf dem Deck angebrachten Ringen.

Vor dem Abendessen waren wir bei Herrn Meyer eingeladen. Der Kapitän kam etwas später nach. Herr Bosenich hatte den Stopp zu einer Kontrolle in den Kammern der Matrosen genutzt, denn nicht nur mir ist es aufgefallen, dass sich neuerdings vorne am Bug Matrosen treffen. Die Offiziere hatten Sorge, ob eventuell die Festmacher im Panama-Kanal Drogen mitgebracht haben, obwohl sie sofort an Bord kontrolliert wurden. Das war aber nicht der Fall. Ein Matrose, der schon mehrmals unangenehm auffiel, wollte

»meutern« und suchte sich dazu Mitstreiter. Er überbrachte dann auch dem Kapitän kurz vor unserem Zusammensein eine Liste, worauf stand, was er so beanstandet. Allerdings nur mit seiner Unterschrift versehen. Er wurde sofort entlassen, was heißt, dass er nun nicht mehr auf dem Schiff beschäftigt wird. Ab heute werden ihm bis zum nächsten Hafen, wo er zum Flughafen gebracht wird, Kost und Unterkunft berechnet und mitsamt dem Flugpreis von seiner Heuer abgezogen. Er wird wohl ohne einen Pfennig Verdienst in Hamburg landen. Was für eine Dummheit.

Auch dieser Matrose ist mir schon aufgefallen, wenn ich ihn mal unten in der Waschküche sah. Ein großer und kräftiger Mann mit einem meist verschlossenen Gesicht und tätowiert, denn schwarze Striche, so nenn ich sie mal, schauten aus dem Halsausschnitt und aus dem Halbarm seines Shirts hervor. Jetzt, nach seiner Entlassung, wo er sich mit freiem Oberkörper auf der Abdeckung der Ladebuchten am Unterdeck sonnt, war die volle Pracht zu sehen. Ein Vogel, vielleicht ein Adler, mit ausgebreiteten Flügeln war es.

Unser Bordschlosser schüttelt nur noch den Kopf, wenn er ihn so liegen sieht. Mit ausländischen Männern hätte man viel weniger Ärger. Diese wollten einfach Geld verdienen, um mit der Familie mal später besser leben zu können. Meint aber, die Hauptschuld hätte unser Staat, der solche Typen in seinem sozialen Netz auffängt, anstatt sie zu einer Arbeit zu zwingen.

Gegen Abend bezog sich der Himmel mit grauen Wolken und der Wind wurde böig.

12. Mai: Seit langem sahen wir heute wieder hohe Wellen und hörten einen heftig aufbrausenden Wind, der mich auf dem Weg zum Bug fast über Bord geweht hätte. So mussten auch die Sonnensegel abgenommen werden, er hätte sie sonst zerfetzt. In der vergangenen Nacht haben wir die Fahrt bis zur Spitze von Baja California

verschlafen. Auch kamen wir erst um zehn Uhr auf die Brücke, wo sich der Kapitän schon sorgte, ob einer von uns erkrankt ist.

Das war also Baja California, eine Landzunge, die vor dem Golf von Kalifornien liegt. Ich habe mir das schon ein bisschen schöner vorgestellt. Ein breiter Sandstrand, von vielen kleinen Felsen unterbrochen, die ebenfalls dick mit Sand bedeckt waren. Vielleicht ist es mir auch zu kalt und ich habe deshalb kein offenes Auge für die Landschaft hier. Es sind nur noch 26°, eine Temperatur, die mich zum Schreibtisch treibt, denn seit die Klimaanlage stillgelegt ist, haben wir eine gemütlich warme Kammer.

Nach dem Abendessen ein letzter Blick auf Mexiko und auf einen Schwarm von Delfinen, der so groß war, wie wir's noch nicht erlebt haben, und alle wie immer vergnügt, während wir frieren. Zeitig mit einer Bettflasche an den kalten Füßen schlafen gegangen.

13. Mai: Vergangene Nacht um halb fünf blieb das Schiff stehen. So sehr haben wir uns an die Geräusche der Maschinen gewöhnt, dass wir sie erst wieder wahrnehmen, wenn sie aussetzen. Harald zog sich an, er wollte wissen warum. Um sieben Uhr wurde ich von ihm geweckt. Obwohl der Ausfall eine halbe Stunde später schon wieder behoben war, blieb er bei Herr Bosenich auf der Brücke.

»Du glaubst nicht, wie schön das ist, wenn du den Widerschein des neuen Tages am Meereshorizont siehst.«

Ich war irgendwie müde. So bot sich dieser Tag an, mal den Kopf ausruhen zu lassen, die vielen Eindrücke der letzten Zeit zu verarbeiten, denn heute wird kein Land zu sehen sein, da die »Warschau« durch mehrere vor dem Festland liegende Inseln von der Küstenfahrt Abstand nehmen muss. Vielleicht tauchen Seehunde oder auch Wale auf, aber das ist ja nicht anstrengend.

Solche Tage liebte auch Klaus Mann, der sich mit seiner Schwester Erika im Hafen von San Francisco an Bord eines Schiffes begab, das die Geschwister nach Honolulu und Japan bringen soll. Er schrieb in seinem Buch »Der Wendepunkt«: »Die Tage auf dem Stillen Ozean waren lang und träge und voller Träumerei. Wir schauten den Wellen zu und den fliegenden Fischen und den immer wechselnden Tönungen des ungeheuren Himmels. Wir hatten viel Zeit, nachzudenken und uns zu erinnern ...«

Am Nachmittag war es allerdings mit einem trägen Tag vorbei. So weit wir schauen konnten, Wale und deren Fontänen, die aus dem Wasser hochstiegen. Überall, wo man auch hinschaute, diese dunklen, glänzenden Leiber, die bis zu 30 Minuten tauchen können. Es war die Paarungszeit, das Schnauben war bis zur Brücke zu hören. Einer schwamm direkt an uns vorbei. Durch eine Seitenwelle hochgehoben, sahen wir seine volle Größe, und als er untertauchte, auch die Schwanzflosse in ihrem ganzen Ausmaß.

Meine Güte, was für eine Bewegung, was für ein Aufruhr im Meer! Es fehlen mir die Worte, das zu beschreiben. Ich glaube, kein Foto, kein Film und auch kein Buch kann vermitteln, wie unglaublich schön und beeindruckend, ja sogar ergreifend es ist, das in der Wirklichkeit zu erleben.

Und dann am Abend auf der Brücke dieser Schock, als wir in den Nachrichten von dem Anschlag auf Papst Johannes Paul II. hörten. Wir waren sprachlos, denn er hat doch keinem Menschen was getan. Was für eine Welt! Zuerst die Tötung des Wirtschaftsministers Karry aus Hessen und jetzt der Versuch, auch den Papst zu töten. Weshalb, warum, wieso und wer?

14. Mai: Der Himmel ist grau, wir haben nur noch 16°. Deshalb wurde auch das Schwimmbad geschlossen und wir beide holten den so genannten Friesennerz aus dem Schrank. Am Nachmittag zum Kaffee hauchdünne Teilchen aus Blätterteig und der Himmel etwas lichter, dafür die See umso rauer. Der Wind mit Stärke sieben peitscht hohe Wellen über das neue Weiß auf den Decks, was

Herr Bosenich sehr schmerzt, denn Salzwasser ist nicht gerade das, was er sich nach aller Mühe der Matrosen wünscht.

Überrascht hat mich, dass der Anschlag auf den Papst auch an Bord großes Entsetzen auslöste. So sprach uns Mosso an, mich der Bordschlosser und die beiden Maschinisten aus Portugal und Spanien. Und natürlich auch wir auf der Brücke fragten uns:»Warum?«

Man kann vorerst nur spekulieren: Ist der Grund seine große Ausstrahlung, nicht nur als Oberhaupt der Katholischen Kirche, sondern auch als der politische Papst, zu dem er inzwischen mit seinen Mahnungen und mit seiner Botschaft für alle Menschen, sich nicht zu fürchten, geworden ist? Vielleicht, weil er Pole und unbeugsam in seiner Haltung ist? Weil er keine Experimente in der Kirche und keine Anpassung an den Zeitgeist wünscht? Weil er der erste Papst ist, der die großen Glaubensfragen behandeln will? Ist das der Grund?

Im Radio waren Interviews zu hören. Ein Mann wurde gefragt, ob er nach dem Attentat auf den Papst noch immer an Gott glaube. »Natürlich. Ohne Glauben an Gott gibt es keine Antwort auf das Warum der Dinge, unser Dasein wäre vollkommen sinnlos.«

Nach dem Abendessen ein Klönschnack beim Kapitän. Er meinte, bei dieser Kälte draußen müsste man etwas enger zusammenrücken – wie wahr. Um neun Uhr noch ein kurzer Maschinenausfall und die Aussicht, morgen beim Frühstück Amerika zu sehen.

15. Mai: Nein, Amerika ist noch nicht zu sehen, und wie gestern ist es trüb und kalt. Das Ladegeschirr wird überprüft, da es ja ab Vancouver in Aktion treten muss, wenn dort Holz aufgenommen wird. Die Männer hatten dabei Mützen über die Stirn gezogen, sodass ich zweimal schauen musste, wer wohl darunter steckt. Am Nachmittag doch noch eine wärmende Sonne und eine ruhige See. Nun, wir haben gelernt, auch bei einer Dünung aufrecht zu

gehen, Fußnägel zu schneiden, uns zu waschen und zu schlafen. Ob wir wohl in Vancouver mit einem Seemannsgang an Land gehen?

Am Spätnachmittag zeigten sich die Felsen von San Francisco, die einzeln und durch die Bewölkung fast schwarz im Wasser standen. Nur die Spitzen waren von der Sonne beleuchtet. Also von der bekannten Lebendigkeit der Stadt ist vom Meer aus nichts zu spüren.

Vor dem Abendessen mit Herr Henke fünf schnelle Runden gedreht. Dabei sahen wir auch Amerika. Eine liebliche Landschaft mit Dörfern, die zwischen sanften Hügeln und grünen Wiesen eingebettet waren.

Nach dem Abendessen haben wir Mosso überrascht, der heute seinen 40. Geburtstag feiert. Wir haben ihm schon am Morgen einen Umschlag gebracht und ein von mir gemaltes Bild, das auch schon an die Wand geheftet war. Seine Kammer mit einem kleinen Schreibtisch und einer Sitzecke und nun mit dem Blick auf Amerika war sehr gemütlich. Die Herren Offiziere brachten so viele Flaschen von Rotwein und Sekt mit, dass sie auch noch für die weiteren Gratulanten am Abend reichten.

Als es dann recht eng wurde, haben wir uns verabschiedet, um auch noch den Wachhabenden auf der Brücke, heute Mr. Wood, an unserem Spaß teilnehmen zu lassen. Wie wird uns das mal fehlen! Wieder in der Kammer alles gut verstaut, denn eine Dünung soll gegen Morgen etwas unangenehm werden.

16. Mai: Und so war es. Die Dünung hatte die »Warschau« und somit auch uns wieder im Griff. Es ging auf und ab. Einmal hing der Kopf nach unten, dann saß man fast im Bett, na ja, etwas übertrieben! Dabei der Himmel in einem tiefen Blau. Beim Frühstück (Apfelpfannkuchen) rollte das Schiff so sehr, dass mal die Küste von Amerika zum Himmel wurde und dann wieder die See.

Dabei war unser Appetit groß und wir verließen die Messe aufrecht, wie es sich für echte Seeleute gehört!

Am Nachmittag ein erneutes Schauspiel im oder auf dem Wasser. So etwa 30 Delfine und Seehunde spielten miteinander. Die Delfine, wie immer sehr lebhaft, sprangen übermütig über die Wellen, tauchten, kamen kurz darauf wieder hoch, um auch gleich wieder unterzutauchen, während die Seehunde ganz gemütlich auf dem Rücken lagen, zwischendurch, wenn's die Delfine zu bunt trieben, auch mal neugierig den Kopf hoben, um sich dann wieder von den Wellen treiben zu lassen.

Da werde ich den Enkeln wieder viel zu erzählen haben. Zu Hause hörten wir, dass der Tag, an dem diese Kassetten eintrafen, ein ganz besonderer war. Mit Mama und Papa bei Kakao und süßen Teilchen die Kassetten anzuhören, war für sie jedes Mal ein Festtag.

Am Abend haben wir noch mit dem Kapitän über unsere Pläne in Vancouver gesprochen. Solange die Phosphate dort gelöscht werden, wollen wir unsere dänischen Freunde besuchen, die nach British Columbia ausgewandert sind. Herr Oben schlug uns vor, ihm die Telefonnummer von den Freunden zu geben, damit er uns die Weiterfahrt nach Vancouver Island mitteilen könne. Er dachte, dass wir morgen am späten Nachmittag in Vancouver anlegen. Ob in einem Hafen oder noch außerhalb, das erfährt er erst am kommenden Tag. Und da dieser für uns ein besonderer sein wird, schnell ins Bett.

17. Mai: Wir hatten Regen. So versäumte ich nichts, konnte in Ruhe die Briefe an Freunde, Verwandte und auch an die Kinder in Umschläge stecken. Ebenso die Kassetten in stoßfeste Kuverts, damit alles an Land zur Post gebracht werden kann.

Da während der Lotsenüberwachung auch der Kapitän auf der Brücke sein muss, wurde das Mittagessen für die Offiziere und Ingenieure vorverlegt und natürlich, wie selbstverständlich, auch

Harald dabei. Ich freute mich auf das ruhige Mittagessen und war erstaunt, dass die Männer das nachempfinden konnten, denn auf meinem Teller lag ein Zettel, auf dem stand: Guten Hunger – mal in Ruhe. Natürlich von Herrn Meyer geschrieben.

Oben auf der Brücke also der Lotse, ein schon älterer Mann mit Anzug und Krawatte, am Ruder wieder der Hauptmatrose, und natürlich der Kapitän, auf dessen Stuhl Harald saß. Bald werden wir an der Spitze von Cape Flattery sein, um dort in die Straße von Juan de Fuca zu fahren. Doch zuerst sahen wir seit Wochen wieder den ersten richtigen Wald, wie wir Europäer ihn kennen. Ein Wald, in dem sich auch ein Indianerreservat befinden soll. Sie dürfen jagen und fischen, aber das Erjagte und Gefischte auf keinem Markt außerhalb des Reservats verkaufen. Meine Güte, womit sollen sie dann die anderen Dinge besorgen, die sie für ihr Leben brauchen?

Überhaupt dieses Wort: Reservat. Im Duden steht: Vorbehalt, Sonderrecht, großes Freigehege für gefährliche Tiere. Das Wort wird auch für Reservation benutzt, ein Indianern vorbehaltenes Gebiet in Nordamerika. Dagegen soll in Kanada die größere Zahl der Indianer außerhalb der Reservate leben. Sie seien ein Teil der Gesellschaft, wenn auch mehrheitlich auf den unteren sozialen Sprossen.

Unsere Kinder, als sie noch bei uns lebten, kritisierten solche Zustände oft sehr engagiert, was am Sonntag zu stundenlangen und zum Teil auch heftigen Diskussionen führte, die dann der Vater oft verließ, weil er sich auf diesem Stern nicht mehr zugehörig fühlte. Heute fehlen uns nicht nur die Kinder, sondern auch diese Diskussionen.

Das Wetter besserte sich. Die Wolken gaben hohe Berge frei, auf deren Spitzen noch Schnee lag. Kurz vor drei Uhr fuhren wir in die enge Straße von Juan de Fuca, vorbei an wunderschönen kleinen Inseln, auf denen Wochenendhäuser standen und der Ginster in voller Blüte war. Da heute ein Sonntag, war ein großer Betrieb von Segel- und Motorbooten zu sehen, auf denen die fröhlichen Menschen uns zuwinkten.

Dann die Spitze von Vancouver Island mit der Hauptstadt Victoria, die direkt am Wasser liegt, von mehreren Hügeln unterteilt, auf denen wunderschöne Villen inmitten von vielen Bäumen standen. Wir waren so nah und mit dem Fernglas jedes Haus entlang des Ufers fast greifbar. Auf beiden Seiten der Wasserstraße Wald. Steuerbord amerikanischer, backbord kanadischer.

Nach dem Nachmittagskaffee wollte ich ein bisschen in der Kammer lesen. Saß also am Schreibtisch und sah durch das Fenster, wie sich die Heckwellen ganz plötzlich dunkel brechen. Komisch! Zuerst schob ich das Fenster zur Seite, dann setzte ich mich mit dem Fernglas auf den Schreibtisch und sah, wie sich da riesige schwarze Leiber durch das Wasser schaufeln. Zwölf Killerwale in ihrer schwarz-weißen Pracht und mit ganz schlanken Flossen, die sie viel leichter und höher springen ließen als die Wale, die wir in ihrer Paarungszeit sehen konnten.

Ich schnell zur Brücke, auf der sie auch schon entdeckt worden waren. Aber nicht genug dieses Schauspiels, auch die See sah aus wie ein Fleckerlteppich, bot wieder eine Farbenpalette, wenn auch eine andere, eine düstere, als im Golf von Mexiko. Gerade das Wasser noch klar, folgte ein anderes Feld mit braunem, noch dunklerem oder recht trübem Wasser. Das wiederholte sich, sodass fünferlei Farben in fünferlei Feldern zu sehen waren. Von dortigen Strömungen, exakt ausgerichtet, in einer wohlgeordneten Form. Also mit unserer »Tine« wollte ich hier nicht segeln. Killerwale und nun diese Strömungen. Nein, da war mir die »Warschau« schon sicherer. Und wenn ich dann auch noch vom Lotsen höre, dass ein Killerwal ein Zehntel seines Körpergewichts pro Tag an Nahrung sucht, nicht auszudenken, wenn da ein Segelboot kentert!

Wir haben immer noch Regen. Es soll aber morgen besser werden, meinte der Funker. Und wir werden außerhalb von Vancouver ankern müssen, was bedeutet, dass wir mit einem Taxiboot an Land gehen, vielmehr fahren müssen. Hoffentlich bei ruhiger See.

Ich glaube, es war kurz nach fünf Uhr, dehnte sich eine Bucht in ihrer ganzen Breite aus. Darin eingebettet mit Hochhäusern, Brücken und unendlich vielen Schiffen und Booten die Stadt Vancouver, die Metropole von British Columbia. Es soll neben Tokio und San Francisko eine der schönsten Skylines sein. Andere meinen, dass nur Hongkong und Rio de Janeiro mit Vancouver konkurrieren könnten. Egal wer, es ist auf jeden Fall eine wirklich imposante Kulisse.

Eine Stunde später ankerte die »Warschau« draußen auf der Reede von Vancouver. Wie wohltuend die Stille, nachdem das Rasseln der Ankerkette verklungen war. Wie wohltuend, die Gesichter des Lotsen, des Kapitäns und des Matrosen am Ruder zu sehen, die tief Luft holten, sich sichtlich entspannten, weil sie es wieder mal mit den Ingenieuren und mit der Mannschaft zusammen geschafft haben, ohne Schaden anzukommen.

Während später im Salon der Zoll tagte und die Passkontrolle tätig war, schauten Harald und ich aus dem Fenster. Wie oft sind wir im Atlas mit dem Zeigefinger diese 18.000 Kilometer lange Strecke gefahren. Ich musste mich mehrmals an die Nase fassen, denn wir sind nach sieben Wochen, davon vier und eine halbe Woche auf See, wohlbehalten in Vancouver angekommen!

Nun die Spannung: Wie geht es weiter? Wann wird das Phosphat gelöscht? Also werden wir uns zuerst mal bei Henny und Mogens melden. Große Freude! Tut wird uns gleich morgen gegen Mittag abholen. Sie selbst müssen zum Flughafen von Seattle, um dort die Schwester von Henny abzuholen. Also noch immer das gastfreundliche Haus, von Dänemark.

18. Mai: Heute Morgen packen. Einerseits waren wir traurig, nun von Bord zu gehen. Andererseits freuten wir uns auf Henny und Mogens, auf Tut und ihre Familie. Und damit wir dort nicht hungrig ankommen, wurde für uns das Mittagessen früher serviert.

Kurz nach zwölf kam das Taxiboot. Wir hatten einen hohen Wellengang, sodass Herr Bosenich und Mr. Wood die Gangway festhalten mussten, damit wir überhaupt nach unten gehen konnten. Dazu schabte das Taxi an der Schiffswand entlang, stieß gegen die schon schwankende Gangway, und Ausläufer von Bugwellen eines Tankers, der Kurs auf das offene Meer nahm, ließen das Boot, in das wir steigen sollten, noch mehr tanzen.

Zuerst also das Gepäck, dann Harald, der fast stürzte, dann ich mit dem Fotoapparat und der Umhängetasche. Trotz dieses Wellengangs knipste ich noch schnell die »Warschau«, bevor wir in die Kajüte gingen, denn so mitten in der See konnten wir sie noch nie sehen. Und dann ging es ab!!

30 Minuten dauerte diese Fahrt. Vorbei an großen Frachtern und Fähren, unter einer Brücke durch, vorbei am Stanley-Park, am Yachthafen mit ganz niedlichen Lokalen, an Hochhäusern und am Flugplatz für Wasserflugzeuge. Dazu, nach dem Verlassen des Taxiboots, auch noch mit dem ganzen Gepäck über einige schwankende Holzstege – das war schlimmer als alle Dünungen zusammen in den fast fünf Wochen an Bord!!

Gerade wieder festen Boden unter den Füßen, hielt ein großes Familienautomobil vor uns, mit Tut, ihrem Mann Jörn, den beiden Söhnen Jesper und Philip und, welche Überraschung, mit Gudrun, der ehemaligen Köchin des Hauses in Dänemark.

Eineinhalb Stunden fuhren wir in den Norden von Vancouver. Und dann sahen wir den Herrensitz, einmalig schön. Das Haupthaus und das Gästehaus, im Schweizer Stil gebaut. Beide Häuser durch eine Pergola verbunden und mitten in einer nicht überschaubaren Rasenfläche, die mal von einem Naturdeich, einem Blumenbeet oder auch von einzelnen Bäumen unterbrochen wird. Hinter dem Haupthaus ein großes Schwimmbecken und ein anschließender Urwald, der an einem Steilhang bis in das Tal des Fraser River reichte. Darüber »The Golden Ears« mit noch viel Schnee auf den Spitzen.

Zuerst haben wir einen Kaffee getrunken und dazu den Zuckerkuchen gegessen, den Gudrun schon in Dänemark gebacken hat. Danach zeigte uns Tut unser Zimmer, damit wir unsere Sachen auspacken konnten. Das Zimmer mit einem Balkon war in Blau gehalten, die Möbel aus Holz von Pinien. Dabei ein Bad mit Dusche. Die Wanne und das Waschbecken aus Marmor. Vor den Gästezimmern ein Sekretär direkt an einem Fenster, das den Blick zum Haupthaus, ins Tal und auf die Berge freigab. Alles wunderschön und alles wieder vom Feinsten, wie in Dänemark.

Anschließend zum Schwimmen. Wir hatten mit Philip und Jesper so viel Spaß, dass wir die Ankunft von Henny, Mogens und Eva überhörten. Also eine klatschnasse Begrüßung, die, wie schon immer, laut und herzlich war. Bei einem guten Wein noch lange zusammen gesessen und, wieder an Land, auch gut geschlafen.

19. Mai: Um acht Uhr gemeinsames Frühstück, allerdings ohne Tut und Familie, die ein anderes Haus in der Nähe bewohnen. Danach fuhr Mogens mit Harald zu einem Friseur, die Damen etwas später mit mir zu einem Damensalon in einem riesengroßen Kaufhaus im obersten Stock. Ich soll, wenn ich fertig bin, in den zweiten Stock zu einem Lunch kommen. Eva wollte noch einige Geschenke für Dänemark kaufen. Sie war schon einige Wochen in Kanada, besuchte in Seattle noch eine Freundin und muss nun wieder nach Hause.

Mein kurzes Haar fand den Beifall der Damen, und der in Sole gebeizte Lachs zum Lunch schmeckte uns vorzüglich. Abends, nach gemeinsamem Schwimmen und Klönen, eine Flugente, die fast auf der Zunge zerging, und ein Apple-Pie zum Nachtisch. Gudrun ist immer noch eine ausgezeichnete Köchin, obwohl auch sie älter geworden ist.

Während Harald und Mogens noch einen Verdauungsspaziergang machten, saßen wir Frauen zusammen. Es gab so viel zu erzählen von früher in Dänemark oder bei uns in Deutschland. Von unserem Treffen bei den Generalversammlungen des Konzerns, die in verschiedenen Ländern stattfanden. Und natürlich wollten die Damen auch von dem Leben auf einem Frachter hören, von den Herren, mit denen wir dort zusammen sind. Einige davon habe ich sehr genau beschrieben, sodass Eva ganz unglücklich war, diese Herren nun nicht sehen zu können. Zu gern wäre sie mit zum Schiff gekommen. Da von dort noch kein Rückruf eingetroffen ist, soll es morgen mit Mogens in das Squamish-Tal gehen.

20. Mai: Schade – es war kalt geworden und es regnete. Trotzdem fuhr Mogens mit uns los. Zuerst zur neuen Fraser-Universität, die hoch über Vancouver gebaut wurde und der auch ein Gymnasium angegliedert ist. 13.500 Studenten waren in diesem Semester für das nicht gebührenfreie Studium eingeschrieben. Die ganze Anlage eindrucksvoll. Nicht nur die Gebäude, auch die Parkanlage mit vielen aufgestellten Bänken. Schade, dass es so stark regnete.

Und schade war auch, mit so wenig Sonnenlicht in dieses hübsche Tal von Squamish zu fahren. Die Berge total in Wolken gehüllt, und genauso bedeckt hielten sich auch die ca. 2000 Weißkopfseeadler, die es hier noch gibt. Wir haben nicht einen gesehen.

Unsere Fahrt begann in Horseshoe Bay zwischen der Insel Bowen und West-Vancouver. Dort sehr schmal der Fluss Howe Sound, an dessen Küste die Autostraße und ein Bahngleis bis nach Squamish führen, das man auch das Reich der Windsurfer nennt.

Für uns war es ein Westerndorf, so wie wir es aus Filmen kennen. Da tragen die Männer noch Cowboyhüte und mancher auch noch diese hellbraunen Reitstiefel. Passend dazu die Auslagen in den Schaufenstern in den wiederum dazu passenden Häusern. Wir haben für die Enkel, auch schon für das noch Ungeborene, geflochtene Stirnbänder mit einer hochstehenden weißen Feder gekauft und, weil sie uns so gut gefielen, auch Mokassins aus weichem Leder.

Bevor wir uns auf den Heimweg machten, wurde es heller, sodass wir nun doch noch den 2678 Meter hohen Garibaldi sehen konnten. Und nicht weit von dem Parkplatz entfernt, auf dem das Auto stand, verließ gerade eine der letzten noch vorhandenen Dampflokomotiven die Station, um einen angehängten Speisewagen und mehrere Personenwagen nach Vancouver zurückzubringen. Dieses Tuten, dieses Stampfen − in unseren Ohren die reinste Musik. Sollten wir, von Vancouver Island zurück, nochmals in einem Hafen länger liegen, wollen wir die Fahrt mit diesem Zug wiederholen. In Squamish war es zu schön, da wären wir noch gerne geblieben.

Am Abend waren wir bei Tut und Jörn eingeladen. Sie bewohnen ein Holzhaus inmitten von Wiesen und am Ende eines Tals, das von dichtem Wald und von hohen Bergen gesäumt ist. Sie haben mit der Einbürgerung noch große Schwierigkeiten, dürfen nur bleiben, weil Tut ein Studium angefangen hat. Aber die Kinder lernen schon fleißig die englische Sprache, Jesper in der Schule und Philip im Kindergarten. Sollte es mit der Einbürgerung klappen, möchten sie in Clearbrook ein Geschäft eröffnen.

21. Mai: Heute war ich nochmals mit Henny in der Stadt, sie hatte einiges zu erledigen. So nutzte ich die Zeit, für die kommenden Wochen an Bord Kosmetik, Kleinigkeiten für den täglichen Bedarf und auch wieder Lollis zu kaufen, die ich allerdings dort nicht fand. So fragte ich einen Herrn, der zum Kaufhaus gehörte. Aber er wusste nicht, was das sein soll. Er holte deshalb eine Verkäuferin, eine Deutsche aus Hamburg, die alle Verwandte in Schleswig-Holstein wohnen hat. Sie wollte alles Mögliche von der alten Heimat wissen, hatte furchtbares Heimweh und schüttelte mir beim Abschied die Hand, was im Ausland als typisch deutsch gesehen wird. Ich glaube, sie hätte geweint, wenn die Kolleginnen uns nicht so interessiert beobachtet hätten. Aber sie hat die Lollis gefunden.

Am Abend lernten wir Mogens Bruder kennen, der so zehn Kilometer entfernt in einer sehr einsamen Gegend sein Haus stehen hat, das er mit seiner Frau und sechs Kindern bewohnt. Sie sind viel früher als Henny und Mogens ausgewandert, haben unmittelbar vor dem Haus Biber wohnen, die sich jeden Morgen vor ihrem Bau putzen, was ganz niedlich sei. Er nahm Gudrun und Eva mit, bevor diese morgen in die alte Heimat zurückfliegt.

So nutzten wir die Gelegenheit, unsere Gastgeber zu einem Essen in Abbotsford einzuladen. In ein Steakhouse, das für butterweiche Steaks und für ein reichhaltiges Salatbuffet mit den verschiedensten Gewürzen und Soßen bekannt ist. Und so war es, alles schmeckte vorzüglich. Wieder zu Hause angekommen, saßen wir noch gemütlich zusammen, bis Gudrun und Eva zurückgebracht wurden.

22. Mai: Als wir gestern auf der Heimfahrt von Squamish über die Westbrücke von Vancouver fuhren, sahen wir unter uns die »Warschau« im Hafen liegen. Also wird gelöscht. So haben wir heute nach dem Frühstück mit dem Kapitän telefoniert. Nein, er hat uns nicht vergessen, im Gegenteil. Er denke, dass die Löschung am 26. Mai abgeschlossen sei. Es wäre also gut, an diesem Vormittag an Bord zu kommen, worauf sich schon alle freuten. Auf unsere Frage, ob unsere Freunde das Schiff sehen dürften: »Natürlich.«

Eva war einverstanden, nur von Henny und Gudrun zum Flughafen gebracht zu werden, denn nun wollte Mogens mit uns zu den Columbia Mountains fahren, sofern wir das zeitlich noch schaffen können. Das Wetter machte auf jeden Fall mit, denn es ist licht und hell geworden.

Zuerst fuhren wir wieder nach Abbotsford, dann weiter nach Chilliwak und Hope. Danach verließen wir das Fraser-Tal und fuhren östlich davon auf den Coquilhalla Highway, der nach Kamloops führt. Unterwegs meinte Mogens, nachdem er unsere Begeisterung von Squamish sah und wir heute eigentlich schon genug Berge gesehen haben, ob er uns eine andere Tour vorschlagen sollte. Also von Kamloops nicht nach Clearwater, sondern durch das Okanagan-Tal, in dem bis nach Vernon die Viehzucht eine große Rolle spielt, und von Vernon bis Oliver der Obst- und Weinanbau. Und da Harald als Nordfriese die Berge nicht unbedingt für das Erstrebenswerteste hält, auch daheim, überließen wir's unserem Reiseführer. So sahen wir ab Kamloops nur noch große Herden von Rindern, eine weite Weidelandschaft und Berge, die ein ganzes Stück weit in die Ferne gerückt waren.

Dann die Stadt Armstrong, die das Caravan Farm Theater besitzt, den viel gepriesenen Käse Cheddar produziert, und nicht weit davon Vernon, wo das liebliche Okanagan-Tal beginnt. Es sei mit dem Rhein-Tal vergleichbar, meinte Mogens. Aber ich denke, das würden die dort Lebenden bestreiten, denn in Kelowna und Penticton scheint die Sonne 2000 Stunden im Jahr!

Durch einen Bergrücken ist dieses Tal so geschützt, dass dort Aprikosen, Pfirsiche, Kirschen, Pflaumen, Birnen und Äpfel reifen. Nicht zu vergessen den Weinanbau. Die Reben sind meist französischen Ursprungs und viele Winzer lernten das Handwerk in Europa. Um meine Begeisterung von diesem Tal doch etwas abzukürzen, bringe ich aus einem Buch folgende Zeilen: »Unter einem Himmel, der das unmittelbare Nebeneinander von Dürre und Üppigkeit duldet, erstreckt sich im Okanagan-Tal über mehr als 100 Kilometer, von 2000 Meter hohen Bergen eingebettet, eine nur 240 Meter hoch gelegene Kette von Seen. Eine Oase, wie man sie in diesen Breiten nicht erwartet ...«

Wir hatten uns vor lauter Schauen verspätet. Deshalb fuhr Mogens von Penticton eine Abkürzung über Hedley nach Princeton, wo vor langer Zeit die dort lebenden Indianer ihre rote Erde als Farbstoff verkauften. Auch fand man dort Ende des 19. Jahrhunderts etwas Gold. Nachdem wir auch noch langsam durch den Provincial Park fuhren, drückte Mogens auf das Gaspedal, sodass wir um sieben zu Hause waren, wo uns schon Henny und Gudrun mit einem Abendessen erwarteten. Ein schöner Tag war es.

23. Mai: Während Harald und Mogens mit zwei fahrbaren Rasenmähern dieses große Gelände mähten, schaute ich bei einem Schwatz mit Gudrun den vielen Kolibris zu. Henny hat am Küchenfenster ein Glas mit fünf Öffnungen hängen, das mit Zuckerwasser gefüllt ist. Wenn nun diese zierlichen Vögel heranfliegen, um mit ihren langen Schnäbeln dieses Zuckerwasser zu trinken, und dabei ihre Flügel schwirren lassen, ist es ein solch entzückendes Bild, das einen glauben lässt, sie wären die wahren Engel unter der Vogelschar. Aber das täuscht! Wehe, wenn die sich streiten, weil einer den anderen wegdrängt oder gar nicht an das Glas kommen lässt – unglaublich, dieses giftige Gezeter!

Nach einem vorgezogenen Lunch fuhr Mogens mit uns zum Hell's Gate. Zuerst wieder Richtung Hope, um von dort aus den Fraser River aufwärts in den so viel beschriebenen Canyon zu fahren. Wir kamen an stillen Seen, an Flüssen vorbei, fuhren durch Täler, in denen Häuser, Schulen und kleine Holzkirchen standen, wie wir sie in dem Fernsehfilm »Unsere kleine Farm« sahen.

Und was für ein Erlebnis, von Hope bis zum Hell's Gate durch acht Tunnel zu fahren, die von 10.000 Bauarbeitern, davon 7000 chinesische Kulis, gesprengt wurden. 18 Monate ununterbrochene Tag-und-Nacht-Arbeit, kaum eine Woche ohne Tote oder Verletzte durch Erdrutsch und Absturz. Die mutigsten Arbeiter waren die Indianer, die sich an den Felswänden abseilen ließen, um Sprenglöcher zu bohren! Beim Bau sind 40 Prozent des Baumaterials verloren gegangen. Wie viel Menschen dabei starben, ist unbekannt.

Das alles ist heute nicht mehr nachvollziehbar, wenn man bequem in einem Auto sitzt und den Zügen nachschaut, die auf beiden Seiten des Flusses mit 100 Wagen voll Kohle fahren. Von drei Lokomotiven vorne gezogen, von einer am Ende des 100. Wagens geschoben.

Was für ein Erlebnis, als wir nördlich von Spuzzum (sprich Spasm) über eine Hängebrücke fuhren, da die Straße zum linken Ufer des Flusses wechselte. Wie interessant, kurz darauf am Hell's Gate Fishway-Ausblick zu lesen, dass durch Anbringen von Fischleitern den ca. zwei Millionen Lachsen pro Jahr die Wanderung flussaufwärts zum Laichen wieder möglich gemacht wurde. Diese Fischleitern, mit denen die Lachse die Stromschnellen umgehen können, haben wir gesehen, als wir mit einer Gondel von der Talstation Hell's Gate in drei Minuten über den Fraser gebracht wurden. Das waren wieder Minuten, waren Momente, wo man einfach die Luft anhält!

Auf dem Heimweg, zurück vom Fraser-Tal, sahen wir noch zwei Booten zu, die ein Wettrudern veranstalteten. Beide Boote, mit je acht Mann besetzt, waren unheimlich schnell. Und wir denken bei diesem Geheul dabei, dass es nur Indianer gewesen sein können.

Zu Hause eine große Überraschung, ein Festessen war angesagt. Im Esszimmer über dem ausgezogenen Tisch eine Tischdecke, die bis zum Boden reichte. Darauf Blumen aus dem Garten und eingedeckt mit dem schönsten Porzellan von Henny und den Gläsern von Holmegard in Dänemark.

Was Henny und Gudrun vorbereitet haben, war das vorgezogene Abschiedsessen für uns, zusammen mit Tuts Familie. Vorgezogen, da dafür nach den beiden Tagen in Victoria wohl keine Zeit mehr sein wird. Als wir beim Essen so begeistert von dem schönen British Columbia schwärmten, meinte Mogens, Columbus wäre entsetzt, wenn er wüsste, dass gerade diese Gegend von Kanada nach ihm genannt wurde. Ein Land mit Hochgebirge, mächtigen Gletschern, mit tiefen Fjorden und ewigem Eis. Und dazu diese endlosen dunklen Nadelwälder, nein, das wäre nicht Columbus' Sache gewesen. Er war für eine tropische Inselwelt, so wie die Karibik, wo er auch begraben sein wollte.

Natürlich wurde es wieder recht spät. Tut nahm Gudrun und

die beiden Hunde mit. Henny und ich räumten noch auf. Dann für die beiden Tage gepackt, den Wecker gestellt und mit Dank für diese schönen Stunden schlafen gegangen.

24. Mai: Heute Morgen sind wir also nach Vancouver Island aufgebrochen, Gut eine Stunde brauchten wir zu der Autofähre und nochmals fast zwei Stunden, bis wir auf der Insel wieder aussteigen konnten.

Es ist kalt, aber helles Licht, sodass der am Weg nach Victoria liegende Butschart Garden mit dem verschiedensten Grün der Bäume und Sträucher und den vielen verschiedenen Farbtönen der Blumen voll zur Geltung kam. Eine wunderschöne Gartenanlage, die vor etwa hundert Jahren in einem aufgelassenen Kalksteinbruch entstanden ist.

Mogens fühlte sich nicht wohl, er wollte lieber im Auto ein bisschen ruhen. So sind wir nur zu dritt durch die Anlage gegangen, bewunderten die Wasserspiele und Pflanzen, die wir zum Teil gar nicht kannten. Gingen dann noch zu dem Gift-Shop, in dem es unter anderen Dingen sehr schönen Silberschmuck zu kaufen gab. Uns interessierten aber mehr die Tierskulpturen eines Indianers. Ein Wolf, vielleicht ist es auch ein Schakal, gefiel uns so gut, dass wir ihn kauften. Er ist nur zwölf Zentimeter groß, aber durch seine Schlichtheit unheimlich schön. Wie oft werden wir gefragt, wo der Künstler zu finden sei.

Mogens gefiel uns gar nicht, als wir wieder zum Auto kamen. Harald und ich waren für eine Heimfahrt, Henny und Mogens nicht. So fuhren wir zum Hotel, in dem wir mit Henny allein zu Abend gegessen haben und uns für ein Frühstück um acht Uhr verabredeten.

25. Mai: Wie schön, im Frühstückszimmer Henny mit Mogens zu sehen. Es ging ihm besser, sodass wir zusammen in die Innenstadt von Victoria gehen konnten. Eine schöne Stadt mit einer interessanten Architektur. Das neoromanische Parlament und das im Chateau-Stil gebaute Empress-Hotel beherrschen das Bild am Hafen, wo die Boote dicht gedrängt liegen. Nicht weit davon das Royal British Columbia Museum, das wir kurz besuchten. Zuerst die historische Abteilung mit den eindrucksvollen Schaubildern, auf denen vorsintflutlichen Kreaturen Leben eingehaucht wurde. Ein eiskalter Schauer lief einem über den Rücken, wenn da plötzlich ein Mammut in voller Lebensgröße auf einen zukam! Dann leider noch kürzer zu den Holzbauten der Indianer und zu dem Modell des heute verlassenen Haida-Dorfes namens Skedans.

Bei unserem anschließenden Bummel tranken wir irgendwo einen Tee, kauften noch Bücher mit Bildern für die Kinder und betrachteten dabei die Totempfähle, die einfach so zwischendurch auf Grünflächen aufgestellt waren. Uns gefielen auch hier wieder die schlichten mit markanten Gesichtern und ohne allzu viel Farbe, damit die Maserung des Holzes, aus dem der Totempfahl geschnitzt, noch zu sehen ist. Sehr beeindruckt hat uns deshalb der Knowledge-Totempfahl vor dem Parlamentsgebäude.

Nach einem geruhsamen Lunch wurde es dann höchste Zeit, die gebuchte Fähre zu erreichen. Die Strecke entlang der Küste, die wir vom Frachter aus mit dem Fernglas schon mal gefahren sind, war wie ein großer Garten mit Villen, eine schöner als die andere. Schade, dass wir da noch nichts von dem geänderten Ablegen der Fähre wussten. Diese zwei Stunden hätten wir in Victoria brauchen können.

Während Henny, wieder daheim, noch ein kleines Abendessen vorbereitete, packten wir unsere Sachen. Wir waren hundemüde, hatten vor lauter Gucken einen steifen Hals. Es war unheimlich viel, was wir in die Tage des Landgangs gepackt haben. Aber nun freuten wir uns auch wieder auf die »Warschau«, auf den Trott und natürlich auf die Menschen dort.

26. Mai: Wir saßen noch beim Frühstück, als Tut mit Mann, den Kindern, mit Gudrun und den Hunden kam. Sie hatten schon ausgemacht, wer uns begleiten darf. Zur großen Enttäuschung von Jesper und Philip waren es die Großeltern, der Papa und die Gudrun.

Was für eine Freude, als wir unsere »Warschau« wiedersahen! Heute brauchten wir uns nicht mehr zu fragen, wer von den vielen Fremden an Bord zur Mannschaft gehört, denn die strahlten, als sie uns sahen, begrüßten uns mit Handschlag, sofern eine Hand frei war. Der Erste allerdings, der uns entdeckte und heftig winkte, war der Bordschlosser, der bis zum Rumpf der »Warschau« abgeseilt war. Und dann Mosso und erst der Kapitän! Auf dem ganzen Schiff eine Wiedersehensfreude.

Zuerst zeigten wir unseren Gästen die Kammer mit Salon und Teeküche. Dann die Brücke, auf der Mr. Wood sich aufhielt. Zeigten das Vorschiff mit meinem Poller und begrüßten immer wieder einen der Mannschaft. Auch mal ganz kurz Herr Bosenich, der wieder viel um die Ohren hatte. Die Dänen kamen nicht mehr aus dem Staunen heraus, denn nun waren sie sogar zum Mittagessen eingeladen.

Wieder dasselbe. Große Freude bei den Ingenieuren, bei Herrn Henke, sogar der Funker gab uns die Hand. Zufall? Es gab ein typisch deutsches Essen mit Eisbein, Kartoffelbrei und Sauerkraut und wie üblich Obst und danach einen Kaffee, der nochmals von unseren Dänen mit Genuss getrunken wurde, denn der kanadische schmeckt wirklich nicht, so viel an Pulver auch genommen wird.

Anschließend zeigten Herr Meyer und Herr Henke Jörn und Mogens den Maschinenraum, was für die beiden der Höhepunkt war, denn sie sind selbst Ingenieure. Wir anderen gingen zuerst mal in die Küche, um den Koch und den Bäcker zu begrüßen, wobei sich Henny und Gudrun für das gute Essen bedankten. Setzten uns dann mit den beiden in den Salon, bis Herr Meyer Jörn und Mogens zurückbrachte. Ein überaus herzlicher Abschied und von uns »Danke, danke« für diese schönen Tage an Land.

Noch ein Schwatz mit Mosso, der uns erzählte, dass die Mannschaft eine Wette abgeschlossen hat, ob wir zurückkommen. Die Mehrzahl war von unserem Wiederkommen überzeugt, eine Minderheit meinte, wir würden nach Hause fliegen. Wozu die Verlierer verdonnert werden, wusste Mosso da noch nicht. Wieder in der Kammer, packten wir aus, verstauten die Geschenke für die Kinder und Enkelkinder und lasen mit viel Freude die Briefe aus Deutschland, die der Agent zum Schiff gebracht hatte.

Beim Abendessen hörten wir dann, dass nichts geklappt hatte, als wir weg waren. Zuerst bekam Mr. Wood einen doppelten Leistenbruch und fliegt morgen nach Hause. Sein Nachfolger, Herr Zobel, war beim Abendessen schon dabei. Dann hatte der Lotse beim Einlaufen zur Liegestelle im Hafen so schlecht angelegt, dass sich entlang des Rumpfes ein herausgerissenes Stück Eisen wie ein Holzspan aufrollte und dabei ein Loch hinterließ. Deshalb hing also der Bordschlosser abgeseilt an der Außenwand, als wir kamen. Er reparierte den Schaden. Auch hatte ein Flügel der Schiffsschraube auf der Fahrt zum Hafen etwas abbekommen, musste aber nicht ausgetauscht werden. Jetzt, wo wir wieder da sind, würde alles gut werden. Hoffentlich!

Wir haben gut geschlafen und freuen uns, wieder daheim zu sein.

27. Mai: Es wird immer noch gelöscht und leider dabei die »Warschau« sehr beschmutzt. Wir sind von zwei japanischen Frachtern eingerahmt, von denen der eine Container aufnimmt, während der andere, bei dem man nicht sehen kann, was er in den Ladebuchten verstaut hat, mit Brennstoff versorgt wird. Uns zeigt sich vom Hafen aus nun eine andere Kulisse als zuvor auf der Reede.

Steuerbord der Stanley-Park neben Hochhäusern, in deren Fassaden sich das Sonnenlicht spiegelt. Backbord nun ganz nah die Berge und etwas entfernter die beiden langen Brücken, die Burrard und die Granville Bridge, die jeweils zwei Stadtteile miteinander verbinden. Im Hintergrund der Vulkan Mount Baker auf der amerikanischen Seite, dessen Spitze mit dem vielen Schnee aus einer Dunstwolke hervorschaut.

Wir sehen die Wasserflugzeuge, wie sie fast geräuschlos aufsteigen oder landen, winken einem griechischen Schiff und einer Fähre zu und freuen uns riesig über den Seehund, der bei uns vorbeischwimmt und vermutlich uns da oben entdeckt hat, denn er hält seinen Kopf neugierig aus dem Wasser, sodass wir den Schnauzbart, der ihn so lustig aussehen lässt, in seiner vollen Schönheit sehen können. Er lässt sich auch nicht von den Wellen des kleinen Dampfers stören, der von einem roten Rad angetrieben wird.

Nachdem der Löschvorgang abgeschlossen war, wurden die Luken von der Mannschaft sofort gereinigt, worüber sie natürlich nicht gerade begeistert waren. »Wieder mal versinkt die Aussicht auf einen Landgang«, so der Matrose aus Pinneberg beim Vorbeigehen.

Am Nachmittag nahm uns Herr Meyer zu einem Bummel in das nahe Kaufhaus mit. Er wollte nichts einkaufen, nur mal was anderes sehen, was wir gut verstehen konnten. Ein Zusammensein mit ihm ist ja immer unterhaltsam, sein Humor trotz der Arbeit im Bauch des Frachters bewundernswert. Aber er möchte mal wieder nach Hause fliegen und hofft, bald abgelöst zu werden.

Am Abend noch auf der Brücke, auf der Herr Oben und Herr Bosenich den morgigen Auslauf nach Nanaimo vorbereiten. Auch sprachen wir noch von Mr. Wood, der sich seit ein paar Stunden auf dem Luftweg nach London befindet. Er wird mir und Herr Henke als Mitläufer fehlen, denn Herr Zobel winkte schon ab, als er beim Mittagessen von unserem fast täglichen Lauf hörte.

Vor dem Zu-Bett-Gehen für Harald den Wecker gestellt, er wollte in der Nacht bei dem Auslauf dabei sein.

28. Mai: Himmelfahrt – Vatertag. Kurz vor vier Uhr in der Nacht klingelte unser Wecker. Ich ließ mir Zeit, wollte erst bei der Einfahrt im Hafen von Nanaimo dabei sein. Auch wollte ich noch die bunten Lollis mit Petersilie zu Sträußchen binden, damit sie zum Frühstück auf den Tellern der Väter liegen.

Es war sieben Uhr, als wir anlegten. So wie hier in Nanaimo stellte ich mir immer die Hafenanlagen im hohen Norden von Norwegen und Finnland vor. Sanft abfallende Hänge, die bis zum Ufer bewaldet sind. Es scheint so, als wenn hier beim Hausbau ein Baum nur gefällt wurde, wenn es unbedingt nötig war. Im Hintergrund wieder hohe Berge, einer neben dem anderen und jeder mit noch viel Schnee auf der Spitze. Wie gut, dass die »Warschau« später ausgelaufen ist. Ich denke, wir hätten vor drei Wochen noch ganz schön gefroren. So hat eben alles seinen Sinn.

Über uns ein klarer blauer Himmel, vor uns die See, auf der Autofähren unterwegs sind, Wasserflugzeuge starten oder landen und ganz verstreut so kleine Inseln, über deren dichtem Baumbestand Fischadler kreisen. Auf dem Hafengelände ein eifriges Treiben. Hunderte von Holzstapeln lagen bereit, um mit den Kränen in den unersättlichen Bauch der wartenden Schiffe gepackt zu werden. Dazwischen tummelten sich die Arbeiter mit ihren gelben, blauen und roten Helmen auf dem Kopf. Bunte Tupfen, die ständig in Bewegung sind. Die Hafenanlage ganz anders als die bisherigen. Sehr sauber, wohin man auch schaut, und auf jedem Holzstapel, der von einem Gabelstapler direkt vom Sägewerk zum Kai gebracht wird, der Stempel des Reeders oder des Charters eines Schiffes in Rot. Unheimlich interessant, der ganze Vorgang.

Da schwimmen auf einem Wasserzulauf, der von einer Brücke überspannt ist, dicht nebeneinander Baumstämme, sodass man glaubt, lauter Flöße zu sehen. Doch kurz vor den beiden Brückenpfeilern trennt ein Mann, in einem Rangierboot sitzend, die Stämme, schiebt sie einzeln unter der Brücke durch, wo schon wieder ein weiterer Mann wartet, der die Baumstämme mit einem Haken an einer Eisenstange auf ein laufendes Band schiebt, das direkt in das kreischende Sägewerk führt, in dem der Stamm geschält, geschnitten und am Ende mit anderen zu einem Holzstapel zusammengestellt wird. So wie es im Auftrag steht, also Holzart, Länge und Gewicht.

Während uns gegenüber ein ganz in Grau gehaltenes Schiff aus Norwegen schon beladen wird, werden bei uns die quer liegenden Kräne aufgerichtet und mit so genannten Frames ausgerüstet. Dazu werden auf dem Boden am Pier breite Bänder ausgelegt, auf die der Gabelstapler den Holzstapel setzt. Nun wird die Hebevorrichtung des Krans nach unten gelassen, die Bänder an den Frames festgebunden, die Holzstapel von dem Kran hochgehoben und in einer Ladebucht abgesetzt, so dicht wie möglich.

Bis um sechs Uhr soll die Verladung abgeschlossen sein, damit wir noch am Abend das kurze Stück zum Hafen Harmac fahren können. Er liegt, von Nanaimo aus gesehen, fast versteckt hinter einer spitz auslaufenden Landzunge. Aus einer Esse quillt breiter Rauch, der sich von dem mäßigen Wind über die Gipfel der Bäume streichen lässt.

Am Nachmittag eine Erwärmung auf 23° und einen Kuchen mit Streuseln auf dünnem Boden zum Kaffee. Harald ging zur Stadt, um dort das Eis für die wärmeren Zonen zu kaufen. Mit vielen Packungen Schokoladeneis und einem Eimer voll Vanilleeis kam er zurück. Das war für ihn nicht gut. Er schaut zwar prächtig aus, aber der Landgang in Vancouver hat ihn sehr angestrengt, er muss sich jetzt etwas schonen. Er ist an Bord der Älteste, was er einfach nicht wahrhaben will.

Kurz vor acht Uhr legten wir in Harmac an. Auch hier der Norweger wieder uns gegenüber. Im Hafen nur ein Sägewerk und die Fabrik, die Holzspäne zu einer Zellulose verarbeitet. Ein unangenehmes Aroma hing in der Luft. So waren wir froh, dass die Rauchschwaden aus der Esse in die entgegengesetzte Richtung unserer Anlegestelle geweht wurden.

Da wir ein Ablegen an demselben Kai noch nicht erlebt haben, schauten wir dem Norweger zu, als er noch spät den Hafen verließ, um das Holz und die Zellulose nach Japan zu bringen. Da zischte doch tatsächlich durch die Gewalt der Schiffsschraube zwischen der Kaimauer und dem Schiffskörper ein Strudel Wasser hoch, das mich erschreckte. Vielleicht sah es auch im Schein der Bogenlampen gewaltiger aus, als wenn es am Tage gewesen wäre. Harald war sehr müde, wollte so schnell wie möglich zu Bett. So habe ich mich noch ein bisschen mit den Matrosen unterhalten, die unten standen und sich für die Sträußchen bedankten. Ich habe mal gelesen, sobald ein Kran die Arbeit aufnimmt, erhält die freie Mannschaft Landurlaub. Nun, das war nicht der Fall, denn wohin sollten sie hier auch gehen? Also wurden eben für die Männer, die das wollten, junge Frauen, die unter ärztlicher Aufsicht stehen und auch wieder vor Mitternacht abgeholt werden, an Bord zum Unterdeck gebracht.

Woran so ein Erster Offizier, der für das Wohlbefinden der Besatzung zuständig ist, denken muss! Er kann also nicht nur, wenn nötig, einen Blinddarm herausoperieren, nein, er hat auch für eine zufriedene Mannschaft zu sorgen!

29. Mai: Das Wetter scheint sich zu ändern, Wolken verhüllen die Gipfel der Berge und der Wind wird böig. Wir wollten zu der Fabrik gehen, um vielleicht von der Herstellung der Zellulose etwas zu sehen. Doch zu diesen Hallen fanden wir keinen Zugang, aber das Tor der Halle, in der sie verpackt wird, war einen Spalt offen, so konnten wir den Vorgang sehen.

Zuerst werden die dünnen Platten zugeschnitten, dann so fest gepresst, dass sich die Höhe der Platten um gut die Hälfte vermindert. Eine Maschine, direkt daneben, schlägt sie in Papier und verschnürt sie auch sofort zu einem Paket. Acht davon werden anschließend wieder maschinell mit einem dicken Draht zusammengebunden und auf große Gabelstapler geladen, die dann diese Pakete direkt zu einem Frachter bringen.

Dort, in diesem Fall auf der »Warschau«, sind nun an den Frames Ketten mit Verschlüssen angebracht, die von zwei Männern an dem starken Draht der Pakete festgemacht werden. Ja, und dann geht es per Kran hoch und in die Ladeluken, so einfach ist das. Am Nachmittag einsetzender Regen, da ist es nur gut, bei einem solchen trostlosen Wetter etwas zu unternehmen. Herr Zobel war bereit, die Aufsicht zu übernehmen, sodass die Herren Oben, Meyer und Bosenich mit uns zu einem Essen nach Nanaimo fahren konnten, von dem ich aber erst morgen berichten werde.

30. Mai: Was für ein Tag liegt hinter uns! Ein Tag des ständigen Szenenwechsels. Erst jetzt am späten Abend, und auch schon wieder in einem Hafen von Vancouver, komme ich dazu, von unserem gestrigen Ausflug zu berichten.

Wir sind also mit einem Taxi nach Nanaimo gefahren, 15 Kilometer auf dem Landweg waren es, um das Restaurant »Bold Knight« zu besuchen, das schon von außen sehr vielversprechend aussah. Allerdings war der Eingang für den über 1,90 Meter langen Chief zu niedrig. Er musste den Kopf einziehen, um sich nicht an dem Türsturz zu stoßen. Aber so was nimmt er gelassen hin, ist er schon gewöhnt.

Die Bedienungen, junge Damen in langen Kleidern und mit sehenswerten Dekolletees, servierten uns freundlich die verschiedenen Aperitifs sowie auch anschließend die verschiedenen Vorspeisen. Das Hauptgericht für uns alle bestand aus Steaks, Kartoffeln in Folie, leckeren Salaten, dazu ein recht guter Rotwein. Zum Nachtisch eine kanadische Käse-Kirsch-Torte. Da der Kaffee hierzulande nicht schmeckt, verzichteten wir darauf und blieben bis zum Aufbruch bei Irish Coffee.

Wir saßen schon wieder im Taxi, warteten auf unseren Kapitän, lästerten, weil er sich anscheinend von den hübschen Frauen nicht trennen konnte, und staunten dann groß, als er mit einer roten

Nelke zwischen den Zähnen kam, die er mir galant überreichte. Es dauerte eben, bis er der Bedienung diese Nelke von der Tischdekoration abschwatzen konnte! Morgens um zwei Uhr kamen wir überaus vergnügt an Bord, um dort beim Chief diese angebrochene Nacht, diese fröhlichen Stunden ausklingen zu lassen.

Heute Morgen waren wir also nicht gerade frisch und munter beim Frühstück, deshalb auch gleich wieder zur Kammer, um vielleicht noch ein wenig zu schlafen. Doch da besuchte uns der Chief mit seinem ganz süßen Hund Egon. Der nimmt Platz und kläfft laut, wie kleine Hunde das so an sich haben. Ein Hund an Bord? Natürlich nicht. Es ist ein Staubtuch, das Herr Meyer an ein dickes Seil gebunden hat, und es so bewegt wie ein echter, lebendiger kleiner Hund an der Leine. Verrückt? Nein, aber interessant, wie geschickt er, Besitzer von vier Hunden, dieses Seil mit dem Tuch handhabt. Anschließend gingen beide zum Kapitän. Doch nach diesem wütenden Gebell mag der Hund den Kapitän nicht und der den Hund nicht, weil er ungestört ein Fußballspiel im Fernsehen anschauen will. Und da er wusste, dass ich früher mit den Söhnen bei einem interessanten Spiel dabei war, holte er auch mich in seine Suite.

Es spielte Madrid gegen Liverpool in Paris. Der Kapitän tippte auf Madrid, wir – Herr Meyer, ein Kanadier und ich – auf Liverpool. Unser Tipp war richtig, aber der Sieg eine reine Glückssache, denn beide Mannschaften spielten gleich schlecht.

Danach Mittagessen und auf den Auslauf warten, der aber erst gegen sechs Uhr stattfand. Wir wie immer begeistert dabei, obwohl wir das nun schon so oft erlebt haben. Es ist einfach zu schön, über die Reling zu hängen, auf das Wasser zu schauen, den Menschen auf einem Passagierschiff zuzuwinken, die eine Reise von sieben Tagen nach Alaska vorhaben, um dann in eine dunkle, ja schwarze Gewitterwand zu fahren. Es blitzte, donnerte und regnete so stark, dass die Segelboote um uns und Vanvouver nicht mehr zu sehen war. Erst kurz vor dem Anlegen wurde es wieder hell und schön, als sich ein breiter Regenbogen über den Hafen spannte.

Dann folgte alles wie gewohnt. Festmachen, Gangway runter, die ersten Fremden kommen an Bord und für uns ein Ölboot, das backbord anlegte. Von diesem Hafen aus war nun der Nordteil der Stadt mit einem Riesenrad auf einem hell erleuchtenden Rummelplatz zu sehen, und eine Kälte, die uns sofort die Pullover aus dem Schrank holen ließ. In der Nacht um ein Uhr soll die Verladung von Holz beginnen, sodass wir morgen Abend nicht mehr hier sein werden.

31. Mai: Nein, wir sind noch hier. Erst morgen Nachmittag werden wir auslaufen, da viel mehr Holz als gedacht aufgenommen wird. Eigentlich hätten Harald und ich nun die Möglichkeit gehabt, mit dem Zug ins Squamish- Tal zu fahren. Da das Wetter aber durchwachsen war, wollten wir lieber in die Stadt, in der man auch in ein Lokal flüchten kann, sollte es regnen. Dazu war gerade ein Agent an Bord gekommen, der uns gerne in seinem Auto zur Stadt mitnimmt.

Doch zuerst muss ich mich korrigieren. Bei unserer Ankunft am 17. Mai beschrieb ich Vancouver als eine Stadt, die in einer breiten Bucht eingebettet liegt. Es ist genau genommen keine Bucht, sondern das Delta, das der Fraser River an seiner Mündung aufgeschüttet hat. Bis Mitte des 19. Jahrhunderts war hier eine seenreiche, dicht bewaldete Wildnis, in der die Indianer Coast Salish vom Stamm der Sto:lo lebten. Das andere Dorf lag auf der Halbinsel des heutigen Stanley-Parks. Eine große Sammlung von bunten Totempfählen erinnert dort an diese Indianerstämme, deren Nachkommen entweder ausgestorben oder inzwischen in dieses andere Leben eingetaucht sind.

Auch habe ich vergessen, einige Daten von dieser Stadt zu bringen. Der erste bekannte Europäer, der zu dieser Küste segelte, war ein spanischer Seefahrer namens José Maria Narvaez im Jahr 1791. Captain Vancouver, nach dem die spätere Stadt benannt wurde, ein Jahr später. 1808 Simon Fraser, der sehr schnell in die Berge zurückkehrte. Erst durch den Bau der transkontinentalen Eisenbahn lohnte es sich 1886, die Stadt Vancouver zu gründen. Vancouver ist also noch sehr jung.

Mit vielen guten Ratschlägen sind wir mit dem Agenten zur Stadt gefahren. Er setzte uns an der Station ab, an der die Stadtrundfahrten beginnen, und auch meist am Stanley-Park enden. Die Straßenschluchten erinnerten uns fast an New York. Gerne wäre ich durch die Robsonstraße mit den vielen Geschäften, mit den Grünanlagen zum Verweilen und mit den altehrwürdigen Hotels gebummelt. Doch dazu war leider keine Zeit. Wir wollten aber auf jeden Fall am Abend zurückkommen, um im »Landmark-Hotel« zu essen. Ein Tipp von Herr Bosenich.

Sehr schön der Stanley-Park, der eigentlich immer noch ein Urwald ist, wenn auch etwas zivilisierter. Hohe 800 Jahre alt gewordene Douglas-Tannen, Zedern, Hemlock-Tannen, Lodgepole-Kiefern und viele verschiedene Laubbäume wachsen dort. Ein Gewirr von Pfaden führt in dichtes Unterholz, sodass man wirklich aufpassen muss, sich nicht zu verlaufen. Wir blieben deshalb auf dem ausgeschilderten Weg zum Aquarium, das eines der größten auf der Welt ist und wirklich sehenswert. Hinter dicken Glaswänden schwimmen Fische in allen Größen und in vielerlei Farben. In einer anderen Abteilung ein tropischer Urwald, der von Faultieren, Alligatoren und bunten Vögeln bewohnt wird. Und da das Wetter sich gebessert hat, es sonniger geworden ist, schauten wir den Delfinen, den Orca- und Belugawalen zu, wie sie mit Freude das Programm abspulten, und blieben sitzen, um auch die Fütterung der Seeottern zu sehen, wobei es sehr lustig zuging.

Nach einem Kaffee und einem Becher Eis fuhren wir mit dem Bus zum Van Dusen Botanical Garden, der so schön angelegt ist, dass wir ihn gar nicht mehr verlassen wollten. Ein riesengroßer Ziergarten mit Seen, die von Seerosen fast bedeckt waren. Hier auf einer Bank war ich zum ersten Mal ein bisschen traurig, weil ich zuließ, daran zu denken, dass wir morgen von Vancouver und bald von dem ganzen Land Abschied nehmen müssen, in wenigen Tagen also die Rückreise beginnt. Auch Harald war traurig, aber er war sich so sicher, diese Stadt nochmals zu sehen.

Am Abend also zu dem höchsten Haus der Stadt, in dem das »Landmark-Hotel« mit seinem Restaurant im 42. Stockwerk liegt. Rasend schnell brachte uns ein Lift zu der Glaskuppel, wo wir exzellent essen wollten. Die Tische entlang der Fensterfront rundherum sehr geschmackvoll eingedeckt, und welch tolle Überraschung: Das Restaurant dreht sich in 90 Minuten um 360°!

Was für ein Blick auf die Stadt, zu den Booten und zu den Frachtern, die im Hafen oder auf der Reede liegen. Wie schön der Blick auf die Berge, zu den in der Stadt verstreuten Grünanlagen und später, als es immer mehr dunkelte, auf dieses Lichtermeer!

Dazu ein köstlicher Anblick auf dem Teller, der einem das Wasser im Munde zusammenlaufen ließ. Nicht weniger schön das warme Rot des Weins im bauchigen Glas. Unsere Stimmung verträumt, ein wenig wehmütig, leise und manchmal nur still. Sehr spät wieder an Bord.

1. Juni: Harald wollte auf dem Schiff bleiben. Das war mir recht, so konnte ich in Ruhe den gestrigen Tag in mein Buch schreiben und auch die Kassetten mit allem Neuen vervollständigen, die ja noch zur Post gebracht werden, bevor wir wieder in die See stechen.

Auf dem Schiff Hochbetrieb. Immer noch nehmen wir Holz auf und immer noch gehen Fremde rein und raus. Was werden wir alle froh sein, wenn die »Warschau« voll beladen ist und bis nach England, wo die erste Entladung beginnt, mehr Ruhe an Bord eingekehrt ist. Man glaubt nicht, wie wenig die ganze Mannschaft schläft, wenn da und gleich wieder dort mal Holz, dann Zellulose und Papier geladen wird. Respekt!

Um vier Uhr haben wir abgelegt, mit Kurs Port Alberni, das am Ende des tiefsten Fjords von Vancouver Island liegt. Durch eine

Flutwelle, die 1964 das Erdbeben in Alaska auslöste, hob sich der dortige Wasserspiegel um drei Meter! Port Alberni hat somit schon Recht, sich als eine Stadt am Meer zu bezeichnen. Der morgige Tag wird also für uns wieder voller Überraschungen sein. Doch zuerst mussten wir von der Stadt Vancouver Abschied nehmen. Durch den klaren, sonnigen Tag zeigte sie sich von ihrer besten Seite. Auch die Berge waren in ihrer imposanten Größe nochmals zu sehen. Bis Victoria standen wir auf der Brücke. Am frühen Morgen, so gegen fünf Uhr, werden wir in den Fjord einfahren. Also Wecker stellen und schnell ins Bett.

2. Juni: Wie zeitlich geplant, fuhren wir in das schmale, dunkle, fast düstere Blattgewölbe, das der Nachthimmel und die hohen Koniferen, Kiefern und Fichten an beiden Ufern bilden. Wie zu Kulissen eines Theaterstücks wurden diese Bäume in der Nacht, wenn sie von den Lichtern der »Warschau« kurz gestreift wurden.

Zwei Stunden dauerte diese bizarre Fahrt, bis sich der Fjord zum Hafen von Port Alberni öffnete und das Licht des Morgens unser Vorschiff überflutete. Nur noch träumen hätte man mögen, vielleicht ein Märchen schreiben, wenn da nicht schon der Lärm der kreischenden Sägen und das Motorengeräusch der Gabelstapler zu hören gewesen wären. Nicht das Grollen der Baumstämme auf dem Förderband zum Sägewerk und auch nicht der Geruch des unangenehm süßlichen Aromas in der Luft. Aber zum Träumen sind wir ja schließlich nicht nach Port Alberni gekommen. Viele Holzstapel warteten schon wieder, in den unersättlichen Bauch der »Warschau« gepackt zu werden.

Unsere Matrosen sahen müde aus. Wie ich schon erwähnte, bekommen sie durch das ständige Anlegen, Ablegen und Beladen einfach zu wenig Schlaf. Auch im Maschinenraum war Hochbetrieb. Während das Schiff nun im Hafen ist, das System stillgelegt, wird die Zeit genutzt, um zum Beispiel Kolben zu ziehen. 16 Stück davon sind ständig in Betrieb. Tag für Tag, Nacht für Nacht arbeiten hier Männer nur in künstlichem Licht, um später, vielleicht, das nötige Geld für eine Kneipe in der Heimat zu haben.

Da hat es unser Bordschlosser schon besser, denn er ist meist auf dem Unterdeck anzutreffen, wo seine Werkstatt liegt. Es macht ihm sichtlich Freude, wenn er mich als mein Beschützer vor irgendetwas warnen kann. So auch heute, als ich zum Bug wollte. Nein, das sei unmöglich, solange beladen wird. Ich soll doch lieber auf der Brücke nach den Fischadlern Ausschau halten, oder Lachse fangen, die es hier gäbe, wenn auch durch die Wasserverschmutzung immer weniger. Hört, hört!

Es ist kalt geworden, sogar die Sonne fröstelt und es hat geregnet. Also gingen Harald und ich, eingepackt im Friesennerz, zur Stadt. Eine breite, schnurgerade Straße teilt Port Alberni in eine linke und rechte Wohngegend. Wir waren sehr enttäuscht, einer Westernstadt ähnlich, aber nicht sehr sauber. So waren wir froh, auf dem Heimweg entlang einer stillgelegten Bahnstrecke einen Pfad zu entdecken, an dem viele wilde Blumen blühten. Ein Strauß mit Margeriten steht beim Kapitän, ein bunter ziert unseren Schreibtisch.

Am Abend, er ist bis jetzt der kälteste, seit wir an Bord sind, ging ich schnell ins Bett. Ich friere und meine Nase fängt an zu laufen. Hoffentlich gibt das keine Grippe, denn morgen laden wir Papier, und das will ich auch noch sehen.

3. Juni: Es ist weiterhin kalt, es regnet und ich habe einen Schnupfen. Beim Frühstück sagte uns Herr Meyer, dass er abgelöst wird. Sein Nachfolger kommt schon morgen an Bord. Er soll sehr nett sein.

Um drei Uhr am Mittag war verholen, was heißt, dass ein Schiff vom Lotsen und den Schleppern zu einem anderen Liegeplatz dirigiert wird. Es war gar nicht weit, trotzdem dauerte der Vorgang mit Ablegen, Anlegen und Festmachen über eine Stunde.

Hier laden wir also Papierrollen, große und auch kleine, die alle in eine weiße Folie gepackt sind. Dafür wurden die Frames abmontiert und eine andere Vorrichtung zum Festhalten der Rollen angebracht. Zwei Tonnen wiegt eine große Rolle Papier, sechs davon werden zusammen an das norwegische Patent angehängt und in die noch freie Ladebucht gepackt. Ebenso die kleineren, auf die die Zeitungsverlage warten.

Uns gegenüber lag eine Barkasse, deren Anhänger nur mit den kleinen Rollen beladen wurden. Sobald das abgeschlossen ist, macht sie sich auf den Weg, um so schnell wie möglich die Zeitungsverlage von Haiti zu beliefern. Allen Respekt, wenn ich an die Dünungen denke, die doch so ein Motorboot mit drei Anhängern gewaltig schütteln werden. Es reicht ja schon dieser Regen. Da haben wir's auf der »Warschau« gut. Werden trotz Trubel, trotz − oder gerade wegen − des schlechten Wetters von unserem Koch verwöhnt. Auf der Heimreise werde ich von seinen Kochkünsten wieder mehr erzählen und auch wieder von der noch ungeschriebenen Novelle. Es ist einfach zu viel los.

4. Juni: Also heute wieder zurück nach Nanaimo. Es regnete in Strömen, ganz tief die Wolken, sodass wir im Fjord keine Aufnahmen machen konnten. Auch hatten wir nicht das Glück, Braunbären zu sehen, die vor allem im Sommer, wenn es warm ist, mit ihren Jungen am Ufer spielen. Da war die Durchfahrt in der Nacht schöner, vor allem romantischer.

Nach drei Stunden wieder auf offener See. Sie war sehr unruhig und Nebel kam auf. Das Vorschiff war nur noch wie eine Insel im Dunst zu sehen. Möwen begleiteten uns ein Stück, deren Schreie wir aber hinter den Isolierscheiben auf der Brücke nicht hören konnten.

Dafür aber ein Gedränge, wie wir's noch nicht erlebt haben. Der Lotse, der Mann am Ruder, der Kapitän, Herr Bosenich, Herr

Meyer, Herr Oswald, wir und, wenn auch nur kurz, unser Funker mit der neuesten Wetterkarte, die nichts Gutes versprach. Mollig warm war es und urgemütlich. Wie immer eine lebhafte Unterhaltung, die vielleicht dem Lotsen manchmal zu viel wurde, wenn auch er über die Sprüche von Herrn Meyer lachte.

In der Kammer noch einen »Scrabble«, dann den Tagebucheintrag und froh, anstatt die ganze Nacht auf der Brücke zu stehen, sich im Bett zu entspannen.

5. Juni: Um acht Uhr legten wir in Nanaimo an. Heute an dem Kai, an dem das letzte Mal der Frachter aus Norwegen lag. Es regnet wieder oder immer noch. Trotzdem gingen Harald und ich in die Stadt, um die letzten Kartengrüße und die Kassetten abzuschicken. Der Postbeamte sprach ein ausgezeichnetes Deutsch, wusste sogar, dass Schleswig-Holstein im Norden von Westdeutschland liegt, und war begeistert, als wir von unserer Reise auf einem Frachter erzählten. Er war ganz sicher als Soldat in Deutschland stationiert.

Anschließend noch mit Antje telefoniert. Sie konnte von der ganzen Familie nur Erfreuliches erzählen und war überrascht, dass wir über unsere Heimreise, die am Pfingstsonntag beginnt, gar nicht glücklich sind. Dann nochmals Eis und auch Blumen für den Pfingstsonntag gekauft.

Wieder an Bord, erfuhren wir von Herr Meyers Platz im Flugzeug und von unserem Schwesternschiff, das draußen auf der Reede liegt. Die »Dresden« wartet dort, bis wir ablegen, um dann unseren Liegeplatz einzunehmen. Wie unsere »Warschau« ein elegantes Frachtschiff, noch nicht so tief liegend im Wasser, da es noch in Ballast fuhr. Eine Verbindung zu der dortigen Besatzung bestand noch nicht, sie werden wohl alle schlafen.

Herr Meyer war gerade von Bord gegangen, um nach Hause zu fliegen, da holte uns sein Bekannter zum Sägewerk, dessen Betriebsleiter er ist. Herr Stresow ist vor 15 Jahren nach Kanada ausgewandert. Die Besitzer dieses Sägewerks sind Japaner und die Arbeiter zur Zeit im Streik, indem sie keine Überstunden machen, obwohl große Aufträge vorliegen. Sie hoffen dadurch ihre Forderungen um mehr Lohn und auch bessere Arbeitsbedingungen durchsetzen zu können. Der Ablauf im Sägewerk ist interessant, aber so laut mit diesen kreischenden Sägen. Ich wollte dort nicht arbeiten, auch nicht als Betriebsleiter.

Der Einstand des neuen Chiefs war lautlos und ganz selbstverständlich abgelaufen, wie schon die Ablösung von Mr. Wood durch Herr Zobel. Herr Paegelow war einfach da und begleitete Harald, der nochmals zur Stadt wollte. Ich blieb an Bord, wo inzwischen einige Herren der »Dresden« eingetroffen sind. Sie kamen mit einem der Rettungsboote und brachten ein bisschen Sonne mit. Das nutzte ich, um auf der Plattform noch die letzten Strahlen einzufangen, und staunte nicht schlecht, als ich über die Reling schaute, was da für hübsche, junge und fröhliche Mädchen zum Unterdeck kamen. Es hätte absolut die 13. Klasse eines Lyzeums sein können. Kein Wunder, dass sie erneut gebucht wurden.

6. Juni: Heute früh um sechs Uhr verließen wir den Hafen von Nanaimo, um eine Stunde später in Harmac anzulegen, wo wir heute aber Holz laden, das nun auf das Deck gepackt wird, da die Luken voll sind. Wieder ein neuer Vorgang, der aber viel leichter und schneller vor sich geht, so die Mannschaft. Ganz sicher sehenswert – doch wir hatten einen Ausflug vor uns, dem sich auch Herr Paegelow anschließen wird. Herr Stresow will uns mit seinem VW-Bus in die Wälder fahren, von denen wir schon so viel gehört haben.

Punkt zehn Uhr war er da, fuhr aber zuerst mit uns nach Nanaimo zurück, um sein Haus zu zeigen und den in der Küche stehenden Picknickkorb zu holen, der mit verschiedenem Essbarem gefüllt war. Das Holzhaus mit einer Veranda, auf der Schaukelstühle standen, war sehr nett eingerichtet und gut in Schuss, obwohl er noch Junggeselle ist.

Dann also Richtung Port Alberni. Durch eine schöne Landschaft mit Seen, die durch diese schon erwähnte Flutwelle mit Salzwasser gefüllt sind. Und immer wieder Parkplätze, neben denen Grillstellen mit schon gespaltenem Holz vorhanden waren. Dabei Tische und Bänke, zum Teil sogar überdacht, und für den Abfall große Behälter, sodass ringsum alles tipptopp war.

Viele Wanderer mit Rucksäcken und Wanderstöcken begegneten uns, als auch wir zu Fuß zu den Wasserfällen gingen. Der Wald noch ursprünglich, ein leichtes Gehen auf dem bemoosten und federnden Boden. Hohe Bäume mit dicken Baumstämmen, und ein so wunderbar gesundes Farnkraut, das mir bis zur Hüfte reichte. Manchmal auch Blumen mit den intensiven Farben von Bergblumen und natürlich die Wasserfälle mit den ausgewaschenen Steinen, mit den Holzbrücken darüber und mit den oft quer liegenden Stämmen, die grollten, wenn sie von dem abstürzenden Wasser in die Schlucht mitgerissen wurden. Leider war das Wetter noch immer durchwachsen, sodass ganz selten ein Sonnenstrahl zwischen den Bäumen einfallen konnte. Gegrillt haben wir nicht, die belegten Brote schmeckten und waren genug. Dazu gab es Saft und heißen Tee aus der Thermoskanne. Nachdem wir den Rest in den Korb gepackt hatten, das Papier und was so als Abfall sich angesammelt hatte, auch entsorgt, fuhren wir weiter zum MacMillan-Park.

Diese Parks sind nicht wie unsere mit einer gepflegten Gestaltung, es sind natürlich erhaltene Wälder, in denen aufgepasst wird, dass außerhalb der markierten Stellen weder gegrillt noch geraucht und kein kleiner Ableger von den Tannen oder Zedern ausgegraben wird.

Der Gründer dieses Parks ist der Charterer unseres Schiffs. Das große M am Schornstein ist sein Zeichen. Sr. MacMillan ist 1907 aus Irland eingewandert und inzwischen der größte »Holzmann« in Kanada. Wir waren sehr gespannt, denn auf der Fahrt wurde immer wieder von diesem riesengroßen Wald geschwärmt, in dem turmhohe Douglas- und Hemlocktannen stehen sollen, die 800 Jahre alt sind, sowie über 500 Jahre alte Thujen (rote Zedern). Und dann sahen wir sie – 80 Meter hoch und mit einem Stammumfang, der drei Mann davor winzig klein und nichtig erscheinen lässt. Allerdings war die Mehrzahl der Bäume etwas jünger, da in diesem Gebiet vor 300 Jahren ein großer Waldbrand tobte. Ein richtiger Urwald mit der feuchten Luft, mit hohem Farn und einem Moos, das die Stämme und Zweige der nachwachsenden Bäume bedeckt. Dann wieder ein Bach, über den einfach als Steg ein Baumstamm gelegt war. An seinem Ufer hübsche Flusssteine, und auch mal Sonnenflecken auf dem weichen Boden, wenn ein Sonnenstrahl zwischen den Bäumen den Boden erreichen konnte und dabei große Spinnennetze streifte. Was für ein schönes Stück Erde und was für eine Freude bei uns, auch das noch gesehen zu haben.

Um sechs Uhr waren wir zurück. An Bord die »Drei Heiligen« der »Dresden«, die zusammen mit Herrn Stresow zum Abendessen eingeladen wurden. Bei dem anschließenden Umtrunk war auch Harald dabei. Herr Stresow war so nett und blieb bei mir im Salon, da ich von ihm noch mehr über die Wasserverschmutzung durch die Holz- und Papierindustrie hören wollte, von der er gestern im Sägewerk sprach, und auch noch die Geschichten der Indianerfrauen von Nanaimo, die er heute auf dem Weg zu den Wasserfällen kurz erwähnte.

Nun, viel war es nicht, da diese Geschichten meist hinter vorgehaltener Hand erzählt werden. Sie handeln von den Nootka-Indianerinnen, die auch heute noch zu einem geheimen Bund gehören und behaupten, dass der erste Mann aus dem Schleim der Urmutter, vermischt mit Sand, entstanden ist und Rotzbub genannt wird. Ich weiß nicht, ob die Männer darüber lachen können. Doch es muss etwas Wahres daran sein, denn 1981 schrieb Anne Cameron ein Buch mit dem Titel »Töchter der Kupferfrau«, das, mit Genehmigung des geheimen Bundes, die Geschichte der Nootka-Indianerinnen erzählt.

Viel mehr konnte mir Herr Stresow von der Wasserverschmutzung erzählen, die für die Holz- und Papierindustrie problematisch ist, denn durch den Kahlschlag in den Flusstälern sind viele Laichgründe des pazifischen Lachses vernichtet worden. Schlimmer aber sei der Schadstoffausstoß.

Für die Papierherstellung wird das Holz zu einem Faserbrei zerkleinert. Da aber dieser Pulp noch das harzartige Lignin enthält, das im Sonnenlicht gelb wird, muss der Brei, um das zu verhindern, nochmals gekocht und chemisch behandelt werden. Entweder im sauren Sulfit- oder im alkalischen Sulfatverfahren. Das erste ist umweltfreundlicher, das zweite, eine deutsche Erfindung, wirtschaftlicher.

Hochwertige Papiersorten erfordern dazu starkes Bleichen mit Chlorverbindungen, die das Abwasser vergiften. In Europa will man und geht man auch schon zur Sauerstoffbleiche über, was allerdings kostspielig ist. Abgesehen davon lehnen kanadische Unternehmen auch diese Methode ab, weil man noch nicht weiß, ob dieser Vorgang ökologische Folgen hat. Herr Stresow meinte, auch die Regierung Kanadas müsste dringend der Bevölkerung die Methoden, aber auch die Probleme der Forstwirtschaft näher bringen, damit mit dem Verbrauch von Papier sorgfältiger umgegangen wird.

Es war spät geworden, Herr Stresow hatte noch die Heimfahrt zurück nach Nanaimo vor sich. So bedankte ich mich bei ihm für seine Ausführungen und brachte ihn zu seinem Auto, wobei wir überrascht feststellten, dass inzwischen das Deck über den Ladeluken, schon x Meter hoch mit Holzstapeln beladen war. Da fast gleichzeitig die Herren der »Dresden« abfuhren, wenn auch auf dem Wasserweg, saßen wir von der »Warschau« noch zusammen, es war ja wieder so viel zu erzählen. Morgen Nachmittag werden wir in Harmac ablegen, was bedeutet – die Heimfahrt beginnt. Wir mögen noch gar nicht daran denken!

7. Juni: Es ist Pfingstsonntag, unsere Blumen schmückten die Tische, und nur zögernd trafen in beiden Messen die Herren ein. Man hat, nachdem die Ladung um Mitternacht abgeschlossen war, einfach länger schlafen wollen.

Nach dem Frühstück ergab sich's so, dass der Kapitän mit mir über das Hafengelände spazierte. Der sonst so zurückhaltende Mann erzählte von der großen Verantwortung eines Kapitäns, der nicht nur für das Schiff und für die Ladung verantwortlich ist. Weit schwieriger sei es, die ihm anvertrauten Männer heil nach Hause zu bringen, eine Besatzung zu führen, die vor jeder Ausfahrt neu gemischt wird.

Darunter gäbe es auch manchmal Männer, die auf ihre Rechte pochen, dann auf das Gesetz, und solche, die Einsicht in das Bordtagebuch verlangen. Wobei das meist die Männer seien, die schon unangenehm aufgefallen sind. Ganz am Anfang hätte er sie »auf die Knie« genommen, ihre Probleme angehört und sich damit beschäftigt, aber diesen Idealismus hätte er begraben, denn es hätte sich nicht gelohnt. Streng durchzugreifen, eine Disziplin und eine Arbeitsmoral zu verlangen und vor allem dafür bekannt zu sein, hätte das Miteinander auf einem Schiff für alle leichter gemacht. Natürlich bliebe die Fürsorge, wenn nötig, nicht auf der Strecke.

Auf meine Frage, ob er das Gefühl kenne, sich auf einem Schiff besser zu fühlen als auf einem anderen, meinte er, das gäbe es. Es sei schon ein Glücksfall, wenn Schiff und Mann füreinander bestimmt seien. Dass ein Schiff auch eine Seele habe, wie mancher Chief oder Maschinist behauptet, das ginge ihm ein bisschen zu weit, aber wer weiß das schon wirklich. Auf jeden Fall würden ihm, wenn wir von Bord gehen, die vielen gemeinsamen Gespräche fehlen, denn als Kapitän müsste er ja vollkommen neutral sein. Alle hätten auf dem Schiff mit uns nochmals das Schöne einer Seefahrt erlebt, und mein Strahlen, meine immer gute Laune, hätte den Männern gut getan.

Mit einem großen, wunderschönen Ginsterstrauß, von uns gepflückt oder mehr abgeschnitten, kamen wir zurück. Er steht nun in einem großen, weißen Krug in der Offiziersmesse. Aber – oh Schande – der Ginster steht auch in Kanada unter Naturschutz, das hätte uns nicht passieren dürfen!

Nach dem Mittagessen haben Harald und ich den Männern zugeschaut, die gerade noch die letzten Meter der obersten Holzstapel an Deck miteinander festmachten. Sie haben dazu eine elektrisch angetriebene Maschine, die dicke Ketten um das Holz festzurrt. Bis zur Hebevorrichtung der Kräne (in der Fachsprache Ladegeschirr) ist das Holz nun aufgestapelt, sodass jetzt eine Holztreppe nach oben führt. Als Letztes wurden die Frames abmontiert und die Hebevorrichtungen waagrecht gelegt. Das Ablegen kann beginnen, wir müssen Abschied von Vancouver Island nehmen.

Um drei Uhr kam der Lotse an Bord, wenig später bugsierten uns die Schlepper zum offenen Meer, wo wir auch schon die »Dresden« kommen sahen. Als wir an ihr vorbeifuhren, durfte ich dreimal tuten, dasselbe kam von dort zurück – und schon war auch das vorbei.

Um neun Uhr, die Spitze von Vancouver Island, wo uns der Lotse verließ. Welche Freude, wieder unter uns zu sein! Bis um zehn Uhr waren wir noch auf der Brücke. Verzichteten allerdings auf ein »Scrabble«, weil wir hundemüde waren.

8. Juni: Kurz nach sechs Uhr wurde ich wach. Vor dem Fenster ein Grau in Grau, und ein Regen prasselte auf das Deck. Also nochmals unter die Decke auf dem leicht wiegenden Bett und dabei das Maschinengeräusch in den Ohren – was hat uns das gefehlt.

Stürmisch war es draußen. Ich musste die Kapuze meiner Regenjacke fest zubinden und ganze Bäche des heftigen Regens strömten auf meine Schuhe. Ein starker, frischer Wind peitschte das Wasser hoch, sodass es weit über das aufgestapelte Holz spritzte. Doch unsere »Warschau«, schwer bepackt, lag ruhig und fest. So ist auch am Bug fast kein Vibrieren mehr zu spüren und es ist wieder schön, in das aufgewühlte Wasser zu schauen. Dazu auf allen Decks die Ruhe eines Pfingstmontags, der auch auf einem Schiff, wenn möglich, eingehalten wird. Unsere Heimreise ist nun keine Küstenfahrt mehr. Wir müssen die Zeit, die durch den längeren Aufenthalt in Kanada verloren ging, aufholen. Wir fahren deshalb anstatt mit 15 nun mit 17 Knoten (1 Knoten = 1 Seemeile = 1,852 km/h). Auch gab der Kapitän an die Besatzung folgende Warnung aus: Wehe dem, der einem Fischerboot ausweicht – was natürlich nicht ernst genommen wurde. Vermutlich auch nicht von den Seehunden, die sich in großer Schar an uns vorbeitreiben ließen.

Gegen Abend wurde die See flacher und auch der Wind fegte nicht mehr so heftig über die Decks und beim Abendessen die gute Nachricht, das Wetter soll sich bessern. Das war wichtig, denn mein Hosenbund spannt, ich muss unbedingt wieder laufen. Mit Kniebeugen, Radfahren und anderen Arten von Gymnastik habe ich schon angefangen. Unser Koch verwöhnt uns einfach zu sehr.

Gestern: Klare Fleischbrühe mit Markklößchen, ein Pfeffersteak (nach Wunsch gebraten), Pommes, eine Gemüseplatte und zum Nachtisch Eis.

Heute: Gemüsesuppe, Schweinebraten, Rotkraut, Kartoffelklöße oder Pellkartoffeln. Zum Nachtisch eine Bananen-Quarkspeise. Heute Abend der Tisch voll mit Fischsorten, Wurst, Käse und Salaten, die köstlich schmeckten. Dazu dieses Brot, diese frischen Roggenbrötchen und diese Rosinenbrötchen von unserem Bäcker. Man merkt, Koch und Bäcker verstehen sich gut.

9. Juni: Die Sonne lacht von einem blauen Himmel und taucht das Oberdeck in ihr gelbes Licht – unser Hochzeitstag. Um zehn Uhr brachte Mosso den von uns bestellten Sekt zur Brücke, denn wir wussten, dass auch der Kapitän an einem 9. Juni geheiratet hat.

Mosso und Herr Bosenich stießen mit uns an, wünschten uns noch weitere gute Ehejahre, die beiden Ehemänner witzelten ein bisschen über ihre Frauen, dem Kapitän fiel auch ein, dass er mal die Woche der Frau ausrufen wollte ... Etwas steif war das alles, jetzt fehlte einfach Herr Meyer, der uns ganz sicher mit seinen treffenden Bemerkungen zum Lachen gebracht hätte. Wie es ihm wohl geht?

Eigentlich hätte ich anschließend an den Schreibtisch gemusst, denn auch ich habe Nachholbedarf für das Studium. Aber ich hatte den Kopf von den vielen Eindrücke in Kanada noch nicht frei. So stieg ich ohne Buch, nur mit einem Badetuch in der Hand, die neu angebrachten Stufen hoch, setzte mich auf das Holz und ließ die Beine baumeln. Was für ein neues Gefühl, den Wellen da unten zuzuschauen, aber sie nicht mehr zu hören. Noch überraschender für mich aber war, dass ich nun von dieser Höhe aus zu den Wachhabenden auf der Brücke reinschauen konnte. Wirklich verblüffend und aus meiner Sicht nun höchst nötig, einen größeren Sichtabstand zu schaffen, also auf dem Holz in Richtung Vorschiff zu gehen.

Kein Laut von unten, der Himmel ganz nah, weit und breit nur Wasser, da hätte ich fast glauben können, auf dieser Welt alleine zu sein – wenn da nicht ein Flugzeug der amerikanischen Luftwaffe über meinen Kopf geflogen wäre. So tief, dass ich die Piloten sehen konnte. Vielleicht waren sie überrascht, auf einem Frachter eine Frau zu sehen, die sich da auf dem Holz sonnt. Also flogen sie nochmals und nochmals über mich weg. Harald und der Kapitän, die dem Schauspiel von der Brücke aus zuschauten, meinten, das sei eine ganz alte Kiste gewesen. Na, dann war's vielleicht ein Fluglehrer mit einem seiner Schüler. Auf jeden Fall sah der Anflug ganz toll aus, und nicht minder diese vielen Fische, die ich nun von weit oben im Wasser entdeckte, bestimmt über 50 an der Zahl, wenn nicht sogar 100. Ihre dunklen Schwanzflossen schauten aus dem Wasser. Zuerst dachte ich an Haie, war mir aber nicht ganz sicher. Es waren Finnwale, Herr Zobel hat sie auch gesehen.

Nach dem Essen (Zwiebelsteak, Butterbohnen, Kartoffeln, Apfel) bin ich wieder hoch auf das Holz. Es war wärmer geworden, so kann auch bald das Schwimmbecken eingelassen werden. Nach dem Abendessen (Lebergulasch, Reis, Salate und zum Kaffee oder Tee Rosinenbrötchen) lief ich sechs Runden. Allein, Herr Henke hatte noch keine Lust.

War auch gut. So setzte ich mich noch auf meinen Poller, dachte zurück an die Hochzeit mit den fünf Kindern, die wir als Witwe und Witwer in die Ehe mitgebracht haben. Ich dachte an den verstorbenen Vater meiner damals noch kleinen Söhne, dessen Tod für uns drei das beinhaltete, was die Novelle eines Autoren ausmachen soll – das Schicksal eines oder mehrerer Menschen entscheidet sich endgültig.

Harald kam zum Bug, er machte sich Sorgen, weil ich so lange ausblieb. Warum geht hier auf dem Schiff alles so leicht, so locker? Wir waren doch heute nicht oft zusammen, und doch war es unser Tag. Warum?

Ich machte mich noch etwas frisch, schminkte mich, weil wir unsere beiden Hochzeitstage mit den Herren Bosenich und Paegelow zusammen beenden wollten. Herr Oben ließ die Tür seiner Suite offen, damit wir die Musik (Mozart?) hören konnten. Einfach schön.

10. Juni: Heute war ich sehr leichtsinnig angesichts dieses nun wieder herrlichen Wetters. Ich habe alle guten Vorsätze vergessen, mein Gesicht und andere Körperteile langsam an die Sonne zu gewöhnen. Wir hatten eine Achterdünung, die diesen schweren Frachter einfach vor sich herschob und in große Fahrt brachte. Um die brechende Dünung noch besser sehen zu können, setzte ich mich wieder oben auf das Holz und habe vor lauter Gucken nicht bemerkt, wie die Sonne beißt. Das Resultat: Kopfschmerzen und ein knallrotes, brennendes Gesicht.

11. Juni: Nach zwölf Stunden Schlaf war ich wieder fit. Zuerst hatten wir heute Morgen einen Stopp, warum weiß ich nicht. Dann wurde das Oberdeck von dem Schmutz gesäubert, der sich bei den Ladungen angesammelt hat. Sogar im Schornstein stand einer der langen Matrosen, nur mit einer Badehose bekleidet, in den Händen eine Stange, an der eine Bürste befestigt war. Das dazu nötige Wasser bekam er mit einem Schlauch von den Matrosen auf dem Oberdeck. Ich konnte vom Schreibtisch aus diese Gaudi sehen und das Gelächter hören. Sie waren ausgelassen und einfach froh, wieder auf See zu sein.

Ich nutzte die Zeit am Schreibtisch und brachte, angesteckt von dieser Leichtigkeit da draußen, endlich eine Novelle zu Papier. So bin ich nun ein ganzes Stück weiter. Das Ausarbeiten, am Text feilen, ihn eventuell raffen, ist das Schönste am Schreiben, oder wie ein Dozent sagt: an der Schreibe.

Nach dem Abendessen noch mit dem Chief geklönt, zusammen ein Eis gegessen und zum Abschluss auf der Brücke den klaren Sternenhimmel bewundert. Es hat sich auf 18° abgekühlt.

12. Juni: Harald weckt mich mit einem Lied, dessen Text eine einzige Klage ist, er will nicht mehr von Bord. Er überlegt sich ernsthaft, an einem Funkerlehrgang teilzunehmen, um doch noch einige Jahre zur See fahren zu können. Abgesehen davon, dass er dazu schon zu alt ist, würde ich es ihm nicht raten, denn ich hatte heute Morgen die Gelegenheit, den Arbeitsbereich eines Funkers zu sehen. Ich war gerade auf der Brücke, als unser Funker mit einem Schreiben für den Kapitän kam. Es war selten, ihn so bei seiner Arbeit zu sehen. Deshalb fragte ich ihn auch gleich, ob er mir mal seinen Bereich zeigen könnte.

»Natürlich.«

Von dem Navigationsraum führt eine Tür nach draußen und zu der Funkstation. Sie ist nicht gerade groß, und wenn die Tür geschlossen ist, absolut schalldicht. Ich hätte nicht gedacht, dass sich da, so isoliert, noch ein Raum befindet.

Drinnen ein Krachen des Morsetelegrafen, krächzende Stimmen aus dem All, das Ticken von Apparaten, die Zahlen, Nachrichten und Wetterkarten ausspucken, manchmal auch ein Telegramm. Am Pult, auf einem Drehstuhl sitzend, unser Funker, den Rücken gekrümmt, den Kopf ganz nach vorne gebeugt und somit fast ein Teil seines Schalttisches. So will Harald noch einige Jahre verbringen?

Unser Funker war allerdings nicht meiner Meinung. Er sagte, wenn er die Tür hinter sich schließe und nur noch die Geräusche seiner verschiedenen Apparate höre, überkomme ihn eine große Ruhe. Er sei doch nicht isoliert, denn durch den Funk, durch das Telefon und durch die Wellen, die er aus dem Äther auffange, sei er mit der ganzen Welt verbunden und das genüge ihm vollkommen. Unsere Unterhaltung war so reizend, er von einer Liebenswürdigkeit, die seinem äußeren Schein nicht entsprach. Bevor ich ging, druckte er mir die neueste Wetterkarte aus und gab sie mir als Andenken mit.

Ansonsten der übliche Ablauf und am Abend von Herrn Paegelow die Zusage, künftig mit uns die Runden zu drehen. Also haben Herr Henke und ich nach der Abreise von Mr. Wood einen Mitläufer. Zu dritt macht es nämlich viel mehr Spaß.

13. Juni: Heute Morgen war es dann so weit, das Becken wurde mit Wasser des Pazifiks gefüllt. Eine Freude für uns alle, aber wohl nicht für den jungen Taucher mit seinem weißen Bäuchlein im ansonsten schwarzen Gefieder, der sich in das Becken verirrt hatte und durch die Menschen vollkommen irritiert war, die da oben vom Beckenrand aus seinem aufgeregten Schwimmen zuschauten. Um ihm zu helfen, mussten wir warten, bis das Wasser so hoch stand, dass ein Matrose ihn schwimmend fangen konnte.

Ein wirklich mühsames Unternehmen, das für die Männer eine Abwechslung war, die sich freuten, als das noch junge Dummchen unverletzt über ihre Köpfe wegflog.

Es ist warm geworden. Das Meer tiefblau, eine nur leichte Brise kräuselte die Dünung. Ich ging zum Bug, sah einige Wale und Frachter, hörte das Geplätscher der Wellen und zwischendurch auch ein Hämmern des Bordschlossers in seiner Werkstatt. Vor dem Abendessen noch schnell in das nun volle Bassin, was die Mannschaft bei einer Wassertemperatur von 19° nicht verstehen konnte.

Nach dem Abendessen mit dem Chief gelaufen. Also sein Tempo ist mäßig, damit muss er sich noch steigern, denn wir beide, Herr Henke und ich, laufen bedeutend schneller, aber er will sich wenigstens bewegen.

Zweimal haben wir die vier Runden unterbrochen. Einmal, um den Untergang der Sonne zu betrachten, und später, als plötzlich die Lampen am Unterdeck mehrmals ein- und ausgeschaltet wurden. Wir dachten, Herr Bosenich auf der Brücke wollte uns heimleuchten. Doch es war der Wink, dass eine Schule (Fachausdruck) von Delfinen über unsere Seitenwellen springt. Was für ein Service!

Heute zum ersten Mal die Uhr um eine Stunde vorgestellt.

14. Juni: Vergangene Nacht haben wir schlecht geschlafen. Schweißgebadet waren wir immer wieder wach. Darum erbarmte sich unser Chief und nahm die Klimaanlage wieder in Betrieb.

Es ist ein Sonntag, an dem die Herren meist später zum Frühstück kommen. So auch heute, nur Herr Paegelow und wir waren zugegen. Als Mosso den beiden das Mett brachte, wunderte sich der Chief, dass dazu weder ein Ei noch einige Zwiebelringe serviert wurden. Während Harald nun den Unterschied zwischen einem Mett und einem Tatar erklärte, würzten sie mit großem Ernst das gehackte Fleisch mit allem Möglichen. Es wurde gekostet, nochmals und nochmals ein anderes Gewürz darunter gemischt, bis Herr Paegelow auf die Idee kam, die Hälfte davon braten zu lassen.

»Mh – das schmeckt.«

»Dann muss ich es auch probieren.«

Also brachte Mosso den Fladen von Harald in die Kombüse. Alle Teller von den noch ausgebliebenen Herren wurden gebraucht. Und dann erzählte Herr Paegelow von einer Reise nach Bangkok. Solche Geschichten fangen bei ihm meist mit einem Essen an, das er in einem fernen Land mit großem Vergnügen verzehrt hat, und enden dann mit der Beschreibung der dortigen Sehenswürdigkeiten. Ein reizender Mann, ganz anders als Herr Meyer, dessen Lachen und Herumalbern mir allerdings recht gut tat. Tief schürfende Gespräche über Gott und die Welt sind bei uns zu Hause ja üblich. Manchmal denke ich und frage ich mich, ob wir dabei das Lachen verlernt haben.

Den Nachmittag verbrachte ich lieber in der Kammer, denn es ist so heiß geworden, ohne Schuhe würde man sich die Füße verbrennen. Trotz der 35° wollte Harald sich heute zu den Matrosen setzen, die am Sonntag das Deck mit dem Schwimmbad bevölkern. Sie waren hoch erfreut, denn er ist ja immer an den Grillabenden nach oben verschwunden. Immer wieder stellen wir fest, dass Seeleute gar nicht so rau sind wie ihr Ruf. Vielleicht wollen sie doch noch, wenn auch nur hier und da, auf die Knie genommen werden.

Nach dem Abendessen blieben wir etwas länger in der Messe sitzen. Herr Paegelow fragte uns nämlich, ob er uns aus dem Buch »Joseph und seine Brüder« von Thomas Mann lesen dürfte. Er hat den zweiten Band an Bord mitgebracht. Wir waren einverstanden, und schon entwickelte sich eine Diskussion über Thomas Mann und eine noch interessantere über die verschiedenen Religionen.

Angeregt durch diese Diskussion, las ich Harald in unserer Kammer aus dem Buch von Bernard V. Dryer vor, das ich in der Schiffsbibliothek gefunden habe. Der Titel: »Der Versuchung erlegen«.

Ich fand diese Geschichte so passend zu dem heutigen Thema, dass ich es auch dem Leser nicht vorenthalten möchte.

... Monsieur Benari Obenpharo wurde in seiner Villa in Tanger von seinem arabischen Diener Mustafa behutsam rasiert. Monsieur Benari fragte ihn, ob er schon mal von Napoleon gehört hätte.

»Nein, Monsieur.«

»Napoleon war ein großer europäischer Sultan, ein Feldherr in der Zeit vor den Vätern deines Vaters. Einmal stieg er in einem eroberten Dorf vom Pferd und ließ sich vom dortigen Barbier rasieren, der allerdings die von den Soldaten getragenen Uniformen nicht unterscheiden konnte. Er dachte, er würde einen Armeeführer seines eigenen Landes rasieren. Als sein Rasiermesser geschickt über Napoleons Kehle glitt, erzählte er zornig, wie sehr er sich wünschte, den Höllenfeind Napoleon in seinem Barbierstuhl zu haben. Napoleon hörte höflich zu, und der Barbier zog mit dem Rücken des Rasiermessers eine Linie in den Schaum über der Luftröhre, um zu demonstrieren, wie einfach es wäre, den Krieg mit einem einzigen Rasiermesserschnitt zu beenden. Napoleon saß ruhig da, bis die Rasur beendet war. Als er aufstand, dankte er dem Barbier.«

Mustafa hatte aufgehört zu rasieren und schaute seinen Herrn ungläubig an.

»Was hätte Napoleon deiner Ansicht nach tun sollen?« fragte Benari.

»War dieser Sultan von Europa so groß wie der Sultan Monlay Ismail?«

»Ja, ebenso groß.«

»Der Sultan Monlay Ismail hätte dem Barbier zuerst die Hände abhacken, dann die Nasenlöcher verstopfen lassen, bis ihm die Zunge herausgehangen hätte. Dann wäre ihm die Zunge abgeschnitten worden. Schließlich, nach hinreichender Reue des Barbiers, hätte ihm der Sultan in der Dschemma de Fla, dem Ort des Todes, mit seinem eigenen Rasiermesser die Kehle durchschnitten.«

»Sehr gerecht«, bemerkte Monsieur lakonisch.

»Gewiss«, stimmte Mustafa zu. »Hat der Sultan aus Europa das Gleiche getan?«

»Nein. Napoleon sagte dem Barbier, dass er der Kaiser Napoleon sei – und ließ ihn stehen.«

»Ich verstehe den Sultan von Europa nicht. Es schwächt ein Land, wenn man die Verbrecher ungestraft lässt.«

»In meiner Geschichte kommt kein Verbrecher vor, nur ein armer kleiner Dorfbarbier mit einer heroischen Fantasie.«

»Aber wie konnte der Sultan Napoleon den Barbier einfach stehen lassen? Er musste doch wissen, dass der arme Mann nun Jahr für Jahr fürchten würde, dass er jeden Augenblick umgebracht werden kann!«

Mustafa blickte gequält vor sich hin. »Wie grausam Christen doch sind!« ...

15. Juni: Wieder ein heißer Tag, schon am Morgen um zehn Uhr 35°. Die Luft ist ruhig, nur eine kleine Brise, sodass die See ein grenzenloser Spiegel war. Dadurch sah man die schwarzen, glänzenden Leiber der vielen Wale schon weit entfernt. Später wurde dann der Schiffsverkehr lebhafter, vermutlich weil wir morgen die so genannten Operettenstaaten erreichen. Ein herrliches Abendrot und eine Abkühlung auf 28° nach einem geruhsamen Tag.

16. Juni: Heute saßen wir lange mit dem Chief und dem Zweiten Offizier beim Frühstück, unterhielten uns angeregt über die für uns neuen Nachrichten aus Deutschland. Auslöser war der Empfang der »Deutschen Welle«, die wir lange nicht mehr ohne enorme Störungen hören oder auch gar nicht mehr empfangen konnten. Wir waren entsetzt über die kriminellen Vorgänge der

RAF. Fragten uns, ob eine Demokratie, ein Rechtsstaat dem gewachsen ist und welche Möglichkeiten es an idealen Staatsformen außer dieser Demokratie noch geben könnte. Ganz sicher ist auch das ein Grund, warum wir nicht an Land gehen wollen. Gegen Mittag teilte sich die Wetterlage. Steuerbord war die See wie ein gemaltes Bild. Tiefblau der Grund, darauf Streifen in den verschiedensten Variationen und hellen Blautönen, die durch den Wind und die Lichteinwirkung entstanden sind. Am Horizont geballte weiße Wolken, die sich in der unendlichen Weite auch wieder auflösten. Backbord dagegen die See glatt und grau. Darüber düstere Wolken, aus denen, noch etwas entfernt, breite Bahnen von Regen ins Meer eintauchten. Ganz nah hockte ein Fischer in seinem Kutter und mehrere Schildkröten bahnten sich schwerfällig einen Weg durch die wie Öl fließende See. Auch sprangen nur wenige fliegende Fische aus dem dunklen Wasser, eine düstere Atmosphäre, die mir auf einem Segelboot Angst gemacht hätte.

So ging ich ins Bad, wusch mir die Haare, schnitt einige Zipfel davon mit der Schere ab, pedikürte meine Zehennägel und brachte neuen Lack auf meine Fingernägel, aber meine Stimmung wurde nicht besser. Später mit einem Buch zu den Liegestühlen hoch, das düstere Bild backbord war verschwunden, nur nicht in mir, und da das selten der Fall ist, vielleicht doch mal ein bisschen des Nachdenkens wert.

Waren es die Nachrichten aus Deutschland? Ist es, weil wir mit 17,3 Knoten zum Panama-Kanal rasen? Ist es, weil man sich fragt, wie wird es sein, wenn im Garten die Bäume und die Sträucher mitsamt den Blumen nicht an uns vorbeifahren, sie einfach auf ihrem Platz stehen bleiben? Und wie sollen wir ohne Schiffsgeräusche und ohne das Wiegen unserer Betten schlafen? Meine Güte, das ist doch kindisch! Harald wird Recht haben, ich habe einfach Hunger, denn ich lasse schon ein paar Tage das Mittagessen ausfallen, damit ich nicht ganz in die Breite gehe. Die Seezunge heute soll köstlich geschmeckt haben.
Die Uhr um eine Stunde vorgestellt.

17. Juni: Aber, aber, was lese ich da – hatte ich einen Bordkoller? So ein Gejammer! Dazu war doch der Sternenhimmel mit dem zunehmenden Mond viel zu schön. Also Schluss damit. Sehr heiß, 35° im Schatten. Wir suchten öfters das Schwimmbad auf, blieben in der klimatisierten Kammer und lasen. Dann am Nachmittag plötzlich vor uns eine Regenwand. Der aufkommende Wind so stark, dass er die Liegestühle zum Laufen brachte, und schon prasselten große Regentropfen auf das Sonnensegel. Doch genauso schnell, wie es gekommen ist, war alles wieder vorbei. Aber der Regen brachte eine Abkühlung auf 27°, was ein Aufatmen bei der ganzen Mannschaft auslöste.

Was war noch? Ein sehr gepflegter Bananenfrachter mit der Aufschrift »Chiquita« kam uns entgegen und große schwarze Vögel flogen über uns hinweg, die ganz sicher zur Familie der Störche gehörten. Gegen Abend erreichten wir in Begleitung von putzmunteren Delfinen das Land Panama, und damit auch wir bei der Ankunft in Panama-City ebenso putzmunter sind, zeitig zu Bett.

18. Juni: Ab fünf Uhr waren wir auf der Brücke, um sechs Uhr ankerten wir im Hafen von Panama-City. Das Land noch im Dunkeln. Beleuchtet die Türme der Hotels und die Straßenzüge. Auch einige Fischerboote und Yachten mit Positionslampen an den Masten und nicht weit von uns die blinkenden Feuerlichter.

Kaum hell, saßen schon die kleinen schwarzen Vögel auf der Reling. Noch friedlich und abwartend, da kein Brot ausgelegt war. Nach Regen in der Frühe war es gegen Mittag trocken und heiß. 32° im Schatten, aber durch einen leichten Seewind erträglich. In dem von der Sonne durchfluteten Wasser viele Fische, die nicht nur durch die Hammerhaie in Gefahr waren, nein, auch noch durch den großen Schwarm von Pelikanen, die sich zum Fang ins Wasser stürzten. Wie grausam geht es doch manchmal in der Tierwelt zu!

In der kommenden Nacht sollen wir durch den Kanal geschleust werden. Geschäftige Vorbereitungen, der Besuch des Agenten und anderer Fremden, veranlassten uns, hauptsächlich in unserem Reich zu bleiben oder auch mal schnell zu schwimmen, denn wann werden wir wieder mal im Pazifik baden können?

Am Abend noch mit den »Drei Heiligen« unter dem Sonnensegel gesessen, Herr Henke kam später dazu. Panama-City vor uns, die beleuchteten Schiffe anderer Reedereien um uns, und wir gespannt, wie wohl die zweite Fahrt durch den Kanal sein wird. (Langweile – ich?)

19. Juni: Um ein Uhr früh sollte bei uns der Wecker klingeln, was er auch tat, nur haben wir ihn nicht gehört. Erst um vier Uhr wurden wir wach. Ein Blick nach draußen zeigte einen starken Regen und viel Wasser. Meine Güte, sind wir schon an der Schleuse Miraflores mit dem Yachthafen der Amerikaner? Doch da fuhren wir gerade unter einer Brücke durch, sind also noch gar nicht im Kanal, es muss eine Verzögerung gegeben haben.

Und so war es. Die »Warschau« lief zwar um zwei Uhr aus, musste aber dann warten, da heute die Miraflores-Schleuse nur von einem Schiff befahren werden kann. Da hatten wir nochmals Glück. Nur das Wetter war nicht gerade wünschenswert. Die Zeit des Regens ist da, so dass der Lotse jedes Mal seinen Schirm aufspannte, wenn er von der Brücke ins Freie ging.

Erst um sechs Uhr konnten wir in den Kanal einfahren. Dabei wurde es langsam hell und es war trotz Regen wieder ein ganz großes Erlebnis. Wir ließen dieses Mal die Schönheit des Kanals ganz ruhig auf uns zukommen. Bei der ersten Fahrt wollte man nichts versäumen. Auch waren für Harald die heute herrschenden 29° besser als damals die Hitze und die Schwüle von 39°.

Bis zur zweiten Schleuse hatten auch wir die Regenjacken an, spannte auch ich einen Schirm auf. Aber dann verzogen sich die

Wolken, es wurde warm, ich konnte wieder im Badeanzug auf dem Holzschemel stehen, wenn auch heute mit einer langen Hose darüber, denn die Lotsen scheinen keine große Freude an einer Frau an Bord zu haben. Das war auch der Grund, warum ich später, als Harald nach dem Mittagessen lieber in unserer Kammer ein wenig ruhen wollte, mit dem Fernglas ganz nach oben auf das Peildeck ging.

Der Schweiß lief mir in Bächen über Gesicht und Körper, aber dafür eine fantastische Aussicht. Da wir heute am Gatun-See nicht parkten, also direkt zur Gatun-Schleuse fuhren, sah ich schon lange vor unserer Einfahrt in den Hafen die vielen wartenden Schiffe vor Cristobal und später auch den Auslauf zum Atlantik. Danach schnell ins Bett, um noch ein bisschen zu schlafen. Nach zwei Stunden frisch und munter zum Kaffee in die Messe, wo mich Mosso schon vermisste. Ich hatte einen Mordshunger und ließ mir den Mohnkuchen schmecken, den es heute zum ersten Mal gab.

Gerade auf dem Weg zum Bug, kam mir Herr Paegelow auf dem Niedergang entgegen. Er fand die Idee gut und begleitete mich. Zuerst schauten wir ins Wasser, setzten uns dann auf die Poller, schwatzten über dies und jenes. Ich erzählte ihm, dass ich im Krieg jeden Abend um zehn zum Großen Bären schaute, sofern nicht gerade ein Bombenangriff auf unsere Stadt war. Mein Blick sollte sich dort mit dem eines jungen Mannes treffen, der in Karlsruhe als Luftwaffenhelfer seinen Dienst tat, noch nicht einmal 16 Jahre alt.

Daraufhin erklärte er mir, warum auch heute noch die Sonne, der Mond und die Sterne für die Seefahrt wichtig sind. Dass immer noch um zwölf Uhr am Mittag mit dem Chronometer der Stand der Sonne gemessen wird, um eine genaue, eine exakte Navigation zu erhalten. Und als wir wieder zurückgingen, wollte er mir auch noch die Sterne am Himmel zeigen, der aber leider noch immer an manchen Stellen von schmalen Wolken überzogen war. So konnte er mir den Standort vom Nordstern, vom Orion und der Venus nur andeuten. Aber die Leitsterne zum Kreuz des Südens waren ganz deutlich zu sehen. Auch der Skorpion und der Große Wagen, der so schief lag, dass ich dachte, er müsse jeden Augenblick abstürzen.

Nach einem gemeinsamen Eis spielten Harald und ich noch einen »Scrabble« und gingen dann wie jeden Abend zur Brücke. Unser Kapitän hielt Wache, war aber nach diesem langen Tag unausgeschlafen und recht mürrisch. Anschließend die Uhr um eine Stunde vorgestellt, nur noch sechs Stunden trennen uns von Deutschland. Grausam!!

20. Juni: Sehr warm und ein starker Wind, der uns beinah die Badeschuhe am Beckenrand über Bord geweht hätte. Auf der Brücke ein Lächeln des Kapitäns und eine Entschuldigung für seine schlechte Laune am gestrigen Abend auf seine Art, aber sehr charmant.

Wir haben also die berühmten Passatwinde, die heftig sind und dabei einen solchen Lärm machen, dass die Geräusche der Maschinen kaum oder gar nicht mehr zu hören sind. Es ist heiß, im Schatten 29°, in der Sonne 39°. Trotzdem legte ich mich in den Liegestuhl, nutzte meine Bräune, mit der ich keinen Sonnenbrand mehr bekommen kann. Wir sind so braun, ohne die blauen Augen könnte man uns in der Dunkelheit glatt übersehen. Mit Mosso können wir uns allerdings noch nicht messen!

Doch der Kapitän warnte uns besorgt, wir sollen vor vier Uhr am Nachmittag nicht mehr in die Sonne gehen. So habe ich die letzten Arbeiten für das Studium abgeschlossen, während Harald seinen Mittagsschlaf hielt. Und da die Liegestühle weggeräumt und die Sonnensegel abgenommen waren und auch der Pool von der Mannschaft benutzt wurde, schauten wir den beiden Matrosen zu, die zwischen den Holzstapeln oben auf dem Deck Keile aus Holz einklopften, was so klang, wie wenn Holzfäller in einem

Wald Bäume schlagen. Es ist eine sehr wichtige Vorsichtsmaß-
nahme, denn die nun immer trockeneren Holzstapel könnten sich
verschieben, was übrigens schon so oft der Grund eines Schiffs-
unglück gewesen ist. Am Abend noch ein »Scrabble« und auf der
Brücke Herrn Zobel eine gute Wache gewünscht.

21. Juni: Sommeranfang, und wir kamen nicht aus den Betten. Es
ist sehr heiß, am Mittag stand die Sonne im Zenit, was bedeutet,
nicht einmal mehr den eigenen Schatten zu sehen. Also ein Tag,
an dem wir in unserer klimatisierten Kammer am besten aufgehoben waren. Mit einem guten Buch faul auf dem Bett liegen,
träumen, sich gemeinsam an eine nette Begebenheit erinnern und
vielleicht auch mal ein kurzes Nickerchen dazwischen war auch
mal schön.

Vor dem Abendessen waren der Kapitän und wir zu Herrn Paegelow eingeladen, der uns aus dem zweiten Band von »Joseph und
seine Brüder« vorlesen wollte. Er fasste den Inhalt von dem, was
er schon gelesen hatte, kurz zusammen, um dann mit uns dort
weiterzulesen, wo es Joseph schwer fiel, durch die vielen Einladun-
gen und Begegnungen die Reiseanordnung seines Vaters Jaakob
auf seinem Weg zu den Brüdern einzuhalten.

Aber der Kapitän und Harald kritisierten erneut Thomas Manns
Haltung nach dem Zweiten Weltkrieg. Dazu waren wir auch geteil-
ter Meinung bei seinen Novellen, kamen auf Schiller zu sprechen,
auf Goethes Beteiligung an dem Todesurteil der Kindesmörderin
Höhn (1783), als er im Herzogtum Sachsen-Weimar Minister war.
Fragten uns, ob er, Goethe, das Urteil später bereute, da er für
sein Gretchen im Faust mehr Verständnis aufbrachte. Und wie das
bei solchen Diskussionen so ist, landeten wir auch noch bei Hans
Filbingers Geschichte, der 1978 als Ministerpräsident von Baden-
Württemberg zurücktreten musste, da er noch kurz vor Ende des
Zweiten Weltkrieges (1945) das Todesurteil eines Marinesoldaten

unterschrieben hatte. So fand keine Lesung statt, worüber Herr Paegelow sehr enttäuscht war. Also wollten wir nach dem Abendbrot nochmals zusammenkommen.

Es wäre schade gewesen, wenn nicht, denn die Sprache des Thomas Mann in dieser biblischen Geschichte überraschte uns sehr. Ich zitiere einen kleinen Ausschnitt, der mir besonders gefiel.

... Man liest, er sei irre gegangen auf dem Felde. Aber was heißt hier irre gehen? Hatte der Vater ihm zu viel zugemutet, und machte Jung-Joseph seine Sache so schlecht, dass er fehlging und sich verirrte? Keineswegs. Herumirren ist nicht sich verirren, und wenn einer sucht, was nicht da ist, braucht er nicht fehlzugehen, um nichts zu finden. Joseph hatte zu Schekem im Tale mehrere Knabenjahre verbracht, und die Gegend war ihm nicht fremd. wenn es auch eine Art von Traumvertrautheit war, in der er sie wieder erkannte, und wenn auch Nacht herrschte dazumal und dünnes Mondlicht. Er verirrte sich nicht, er suchte, und da er nicht fand, so ward sein Suchen zum Irrgang im Leeren. Bei schweigender Nacht, sein Tier am Zaune führend, wanderte er umher in dem welligen Gebreite von Wiesen- und Ackerland, auf das dunkel im Sternenschein die Berge schauten, und dachte: Wo mögen die Brüder sein? Er stieß wohl auf Schafhürden, darin die Gepferchten im Stehen schliefen; ob's aber Jaakobs Schafe seien, war ungewiss, und Menschen gab es nicht – die Stille war auffallend. Da hörte er eine Stimme ...

... und wir ein Warnsignal aus dem Maschinenraum. Man glaubt nicht, wie schnell Herr Paegelow das Buch weglegte, seinen Overall unter den Arm klemmte und wegrannte. Kurz darauf der Anruf: »Eine Düse ist kaputt, wir müssen stoppen.« Also gingen wir mit dem Kapitän zur Brücke. Darüber spannte sich ein wunderschöner Sternenhimmel mit dem Kreuz des Südens, noch tiefer gerutscht, mit dem Großen Wagen, der inzwischen auf dem Kopf steht, und über der noch entfernten winzig kleinen Insel Mona die Wolkenwand eines Gewitters mit rasch folgenden Blitzen.

Durch diesen Stopp wird sich die Durchfahrt zwischen Haiti und Puerto Rico verspäten. So ging ich zurück zur Kammer und schrieb das von Thomas Mann Gelesene in mein Tagebuch. Was für eine Sprache, unsere Sprache, wenn sie so geschrieben wird. Um elf Uhr holte mich Harald, damit ich bei der Durchfahrt auch dabei sein konnte. Feuerlichter auf Haiti und Feuerlichter auf Puerto Rico. Auch jetzt noch ein Gewitterregen, sodass wirklich nichts zu sehen war, also gingen wir zu Bett. Herr Bosenich und Francesco passen auf uns auf. Ein gutes Gefühl.

22. Juni: Was für ein Tag! Ich war gerade in der Waschküche, als ein fürchterlicher Schrei zu hören war. Der Maschinist aus Portugal lag am Boden und schrie vor Schmerzen. Herr Zobel und der Kapitän wurden geholt. Der arme Mann hat sich mit einem schweren Maschinenteil überhoben. Er wurde auf ein Brett gelegt und nach oben zur Krankenstation gebracht. Dort wurde er von Herrn Zobel vorsichtig entkleidet und mit schmerzstillenden Tabletten versorgt, denn er hatte einen Vorfall der Bandscheibe, der große Schmerzen bereitet. Er tat mir so Leid und ich wollte unbedingt nach ihm sehen. Der Kapitän war so nett und begleitete mich.

Da lag also der Ärmste in einem Krankenbett, das von der Decke hing. Daneben noch eines, das allerdings auf dem Boden fest verankert war, um bei einer Dünung nicht ins Rollen zu kommen. Zwei Räume standen zur Verfügung. Alles in Weiß gehalten und sehr gepflegt.

In den Schränken die notwendigen Instrumente und Medikamente, um im Notfall auch hier eine Operation vornehmen zu können. Doch unseren Kranken, für den in London ein Arzt an Bord kommt, beschäftigte vor allem seine Zukunft, auch wenn er jetzt schon weniger Schmerzen hat und sogar Damenbesuch. Es war ihm vollkommen klar, dass durch diesen Bandscheibenvorfall seine Zeit als Maschinist auf See abgelaufen war. Dabei wollte er doch gerade hier das Geld für eine Kneipe sparen, um seiner Frau und den fünf Kindern eine Zukunft ohne Sorgen zu schaffen. Schlimm!

Um uns herum eine blaue, glatte See. Dazu am Horizont eine fantastische Wolkenbildung. Nach einem erfrischenden Bad, gut eingeölt, holte ich mir einen Liegestuhl auf die Plattform und las in meinem Buch. Plötzlich fängt es an zu regnen, und da das Segeltuch ja abmontiert war, wurde ich nass. Also schnell den Liegestuhl rein, dann das Buch – aber da lag ich schon auf dem harten Boden, mit den Badeschuhen an den Füßen ausgerutscht. Zuerst auf den Hintern und dann auf den Rücken gefallen. Sternchen sah ich, doch gebrochen hatte ich nichts, ich konnte ohne Hilferuf in die Kammer gehen.

Beim Abendessen sagte der Kapitän, dessen Suite direkt unter der Außenplattform der Brücke liegt, er hätte wohl ein Gerumpel gehört, dachte aber, Herr Zobel, der Wache hatte, hätte etwas umgestoßen. Ich – ein Gerumpel! Aber wer den Schaden hat ... Auf jeden Fall will mir Herr Paegelow bei der Lesung heute Abend ein zusätzliches Kissen in den Sessel legen. Das ist doch nett!

Meine Güte, was tut mir nicht alles weh! Ganz schlimm, das Hinsetzen, aber noch schlimmer das Aufstehen und Treppenhinuntergehen. Harald hilft mir, wo er kann, auch ins Bett, wo ich mich dankbar ausstrecke. Wir haben uns noch über das heute Gelesene unterhalten. Wie Thomas Mann die Begegnungen zwischen Menschen mit all ihren Schwächen beschreibt und wie er den Dialog zwischen Joseph und dem Mann auf dem Felde formuliert, erinnerte uns doch sehr an Goethes Faust, in dem dieselbe Ironie zu finden ist. Die ironisch-feine, die ironisch-boshafte und die ironisch-witzige Art, die einen zum Schmunzeln bringt. Vor allem, wenn Herr Paegelow vor lauter Freude an solchen Sätzen diese langsam und betont wiederholt – köstlich!

23. Juni: Trotz der Schmerzen schlief ich recht gut. Aus dem Bett zu kommen war schon schwieriger. So ein Blödsinn. Nur meinen Pölsterchen habe ich es zu verdanken, dass der Sturz so glimpflich abgelaufen ist. Also nehme ich ab heute wieder am Mittagessen teil, was von den Herren am Tisch als vernünftig kommentiert wurde. Es sei ohne mich sowieso mehr als langweilig gewesen, es schmecke jetzt viel besser und auch Mosso könne wieder lächeln. Unser Portugiese humpelte am Unterdeck herum, wollte mich aber nicht zum Bug begleiten, obwohl auch ich wie auf Eiern ging. Es war schon frischer als vor wenigen Tagen. Wir haben nur noch 29° und ich habe den Eindruck, dass auch die wenigen fliegenden Fische recht lustlos aus dem Wasser springen. Nun, Eindrücke oder Empfindungen hängen viel davon ab, wie man sich selbst fühlt.

Am Nachmittag plötzlich ein Zickzackkurs der »Warschau«. Was ist passiert? Gar nichts. Herr Bosenich, der Wache hatte, ist nur einer Regenwolke ausgewichen, damit die Matrosen auf dem Unterdeck bei ihren Arbeiten nicht gestört werden. So regelt man das auf See!

Am Abend noch eine Lesung und dann schnell zu Bett.

24. Juni: Heute geht's mir schon besser und Harald freut sich über eine Temperatur von 27°, die ihm besser bekommt als die vergangene Hitze. Wir liegen faul im Liegestuhl und lesen. Morgen in acht Tagen sind wir in England. Meine Gedanken sind jetzt schon öfters zu Hause, was mich aber gar nicht freut, denn dann kommen die täglichen Pflichten wieder auf mich zu – und kein Mosso in der Nähe!

25. Juni: Am frühen Morgen sah es aus, als würde es einen Regentag geben. Grau in grau. Aber dann hellte es sich auf, es ist wieder

sonnig und ein mäßiger milder Wind kräuselt leicht das Meer. Wir genießen noch die letzten Tage auf hoher See. Freuen uns über das Gebäck, das der Bäcker nun zaubert, und natürlich über das schon immer gute Essen. Zu Mittag Fischfilet, am Abend Nasi-Goreng mit den nicht wenigen Beilagen. Der Koch übersieht nun seine Vorräte und verfeinert damit vor allem die Nachspeisen, was bei der Besatzung gut ankommt.

Der Abend ist recht kühl und wir sind bereit, die von Herrn Paegelow ausgesuchten Seiten des Buches zu hören, auf die ich später eingehen werde. Auffallend, wie am Tage immer weniger fliegende Fische zu sehen sind.

26. Juni: Wieder herrliches Wetter, ich fasse mich kurz, denn der Ablauf auf dem Schiff war ohne besondere Vorkommnisse. Die Uhr um eine Stunde vorgestellt. Nur noch vier Stunden Unterschied. Ich wiederhole mich — grausam!

27. Juni: Ein Hochdruckgebiet, wie es auf der Wetterkarte zu sehen ist, haben wir nicht. Nur 20°, trüb mit einem Hochnebel, was nach dem so selbstverständlichen schönen Wetter bisher eine Umstellung ist. Wir merken, Europa mit dem unbeständigen Wetter ist nicht mehr weit. Oh Graus!
Das Unterdeck sieht frisch angemalt sehr gepflegt aus und auf unseren Wunsch hin hat Herr Bosenich nochmals das Becken mit dem Atlantikwasser gefüllt. Die ganze Besatzung kann das nicht verstehen. Freiwillig in ein solch kaltes Wasser zu gehen, nein — da kann man nur den Kopf schütteln. Was soll's — uns macht es Spaß.
Abends, nach einer leckeren Reistafel, servierte Harald auf der Brücke eine große Portion Eis. Auch er übersieht nun seinen

Vorrat! Morgen Abend wird unsere letzte Lesung sein. Doch zuvor werde ich für den Kapitän noch einige Berichte auf meiner Schreibmaschine tippen, sie müssen in London zur Post gebracht werden.

28. Juni: Ich habe so gut geschlafen und wollte trotzdem nicht aus den Federn. Aber dann sah ich das andere Bett leer. Also was soll's, wäre doch schade, die letzten Tage zu verschlafen. Raus! Nach dem Frühstück gab mir der Kapitän die Unterlagen. Einmal die Schadensmeldung an dem Propellerflügel durch ein Unterwasserhindernis im Hafen von Vancouver und noch andere Schreiben verschiedener Inhalte. Ich habe das gerne getan.

Am Abend dann die letzte Lesung. Wieder hat Herr Paegelow kurz zusammengefasst, was inzwischen passiert war, und begann die Lesung mit dem letzten Kapitel des zweiten Bandes »Die Gewöhnung«, in dem Thomas Mann beschreibt, wie sich die Brüder an ihre Lüge gewöhnen, Joseph wäre von einem Tier getötet worden.

... Die Brüder wussten, dass der Vater Jaakob sie [...] halb für Josephs Mörder hielt, was sie ja halb auch waren und nur zufällig nicht ganz. [...] Trotzdem blieben sie bei dem Vater, denn [...] böses Gewissen brauchte seinen Verdacht.
Sie waren aneinander gebunden in Gott und Joseph, und war es wohl anfangs eine große Pein, zusammenzuleben, so nahmen sie's hin als Buße, Jaakob und seine Söhne. Denn diese wussten, was sie getan, und waren sie schuldig, so wusste jener sich schuldig auch. Die Zeit aber verging und schuf Gewöhnung. Sie wischte das Spähen des Argwohns aus Jaakobs Augen hinweg und machte, dass die zehn Brüder nicht gar so genau mehr wussten, was sie getan, denn ungenauer unterschieden sie mit der Zeit zwischen Tun und Geschehen. Es war geschehen, dass Joseph abhanden gekommen war – die Frage: wie? trat langsam zurück hinter der gewohnten

Tatsache für sie und den Vater. Des Knaben Nicht-mehr-vorhanden-Sein war das Gegebene, darin ihrer aller Bewusstsein sich fand und zur Ruhe kam. Die zehn wussten, dass er nicht gemordet worden, was Jaakob glaubte. Der Wissensunterschied aber bewahrte schließlich nicht viel Bedeutung mehr, denn auch für sie war Joseph ein Schatten, der fern und außer allem Lebensgesichtskreis dahinwanderte ohne Wiederkehr – in dieser Vorstellung waren sie einig, Vater und Söhne. ...

Was gaben uns diese Lesungen, diese kurzen Einblicke in die Geschichte Jaakobs und seiner Söhne? Was gaben uns diese Stunden, in denen uns Herr Paegelow an seiner Freude über Thomas Manns Sprache teilnehmen ließ? Haben wir Thomas Mann neu entdeckt?

Wir sind auf jeden Fall neugierig geworden und werden die ganzen drei Bände zu Hause lesen. Und bei jedem von uns ist irgendetwas mehr oder weniger haften geblieben. Herrn Paegelow beeindruckte Josephs Haltung in der Grube, wie er dort zu Gott fand. Mich, wie Thomas Mann dank seiner Sprachgewandtheit das »irre gehen« brachte, und nun die »Gewöhnung«, die uns alle sehr betroffen machte, denn wie oft findet auch heute noch in der Weltgeschichte eine solche Gewöhnung, eine solche Verdrängung statt! Wir fragten uns, warum es keinen Schriftsteller mehr gibt, der diese feine, diese witzige und manchmal auch boshafte Ironie des Schreibens besitzt. So, wie schon erwähnt, Goethe in seinem Faust (1806), Gerhart Hauptmann im »Biberpelz (1893) und Thomas Mann nicht nur in »Joseph und seine Brüder«, das er zwischen 1939 und 1942 geschrieben hat.

Lange saßen wir zusammen, und das auf einem Frachter! Wir haben uns vor Beginn der Reise vieles ausgedacht, uns einiges vorgestellt, vielleicht auch manches erträumt, aber an solche Stunden mit solchen Gesprächen nie gedacht. Dazu ein Wein aus Bingen und leise Musik aus dem Radio.

29. Juni: ... Über manches kann man nur schwer schreiben. Entweder ist man überdramatisch oder spielt es herunter, übertreibt an vielleicht falschen Stellen oder übergeht die wichtigsten. Auf jeden Fall schreibt man es oft nicht so, wie man es gerne hätte ... So Sylvia Plathe in ihrem Tagebuch.

Genauso dachte ich heute Morgen, als ich den Eintrag vom gestrigen Abend in meinem Tagebuch las. Aber ich ließ ihn stehen. Was war heute noch passiert? Zuerst ein erneuter Protestgesang im Bad. Der einfache Text, von einer mir unbekannten Melodie begleitet, und ein Kehrreim voller Tragik – wenn das unsere Familie hören könnte!

Dann meine letzte Wäsche an Bord und ein wirklich schlechtes Wetter, nur noch 16°. Dazu Nachrichten aus Deutschland, die auch nicht gerade aufmunternd sind. Das Benzin schon wieder teurer. Unwetter in Niedersachsen, Nordrhein-Westfalen, Hessen und Rheinland-Pfalz. »Ich glaube, wir kehren wieder um«, so der Kapitän, womit wir beide sofort einverstanden waren. Herrn Paegelow konnten wir nicht fragen, denn er fühlte sich nicht gut und ging zeitig zu Bett.

Es sieht fast so aus, als wären wir nicht alleine traurig.

30. Juni: Es ist kalt geworden. Das Wasser vom Schwimmbecken wurde abgelassen und darüber das Sicherheitsnetz gespannt. Schon ein komisches Wetter. Gerade ein kurzes Sonnenlicht und schon schiebt sich wieder eine Wolke so groß wie – ich weiß nicht, wie Württemberg? – darüber. Trotzdem hatten wir nochmals viel Spaß, die Wale zu sehen und gegen Abend auch noch eine große Schar von Schweinswalen, die wie Delfine aussehen, genauso intelligent sind, aber nicht so schnell und auch nicht so übermütig. Sie werden höchstens zwei Meter lang, sind etwas plump gebaut und haben anstatt einer geschnäbelten Schnauze wie die Delfine, eine stumpfe.

Auf der Brücke noch ein Plausch mit dem Kapitän. Wenn wir in zwei Tagen den Hafen von Tilbury in England erreicht haben, sind wir 19.718 Seemeilen gefahren, das sind 36.518 Kilometer, also mehr als einmal um den Globus – kaum zu fassen!

1. Juli: Das Wetter gemischt, 19 bis 20°, und mir geht es nicht besonders gut. Erneutes Erbrechen und später, trotz Tee und trockenem Brot, große Schmerzen, die sich in der Nacht noch steigerten. Harald ging zur Brücke, auf der Herr Zobel die Wache hatte. Aber er konnte sich nicht um mich kümmern, denn der Lotse war für zwei Uhr angesagt, dazu herrschte im Kanal großer Schiffsverkehr. Doch er gab Harald Zäpfchen mit, sodass ich ein wenig schlafen konnte.

2. Juli: Na, das sind keine schönen Sachen, die sich da tun! Gut drei Monate war ich immer fidel, und jetzt diese Schmerzen und eine Müdigkeit, wie ich sie bisher noch nicht kannte. Nun bekommt der englische Arzt noch einen Patienten mehr. Hoffentlich kann er mir helfen, denn wir wollen doch nach London. Mosso brachte mir Tee und Zwieback und später einen Brei aus Wasser und Haferflocken. Allerdings mit viel Zucker darüber. Herr Zobel dachte, es könnte eventuell die Galle sein, und verschrieb mir auch Bettruhe, damit keine Erkältung dazukommt.

Zwischendurch aber, als wir auf der Themse fuhren, saß ich im Bademantel auf dem Schreibtisch, das Fenster geöffnet. Gesellschaft leistete mir unser Bäcker, der an der Reling lehnte und mir beschrieb, was auf dem Fluss und an dessen Ufer zu sehen ist. Auch dass er in Brake zwei Tage Urlaub hat, um seine Freundin in Bad Orb zu besuchen. In Antwerpen kommt er wieder an Bord. Unser Kapitän ist einfach super!

Ich habe nun gar nichts gesehen, auch die Schleuse nicht abgewartet, denn wir müssen ja wieder denselben Weg zurück. Am Abend dann große Freude, Frau Oben und Frau Paegelow kamen an Bord. Frau Paegelow, die wir noch nicht kannten, wird ihren Mann auf der nächsten Reise begleiten. Wohin, ist noch unbekannt. Später holte mich Frau Oben in ihre Suite, in der alle, einschließlich Harald, nach dem Abendessen zusammensaßen. Ich nahm meinen Tee mit und war angenehm überrascht, wie nett es mit den Damen war.

3. Juli: Immer noch Haferbrei, Tee und Zwieback. Bis um zehn Uhr saßen Frau Oben und ich zusammen. Eigentlich ganz schön, mal wieder mit einer Frau zu reden. Sie sagte, die Herren Offiziere würden uns sehr vermissen, wir würden eine große Lücke hinterlassen.

Gegen Mittag kam der Arzt an Bord. Er untersuchte mich, war unsicher und meinte, ich solle in Deutschland sofort einen Arzt aufsuchen, auch hier wieder an die frische Luft gehen, sofern es das in London gäbe. Wie gut, dass ich da noch nicht wusste, dass diese Müdigkeit der schleichende Beginn einer schweren Erkrankung war, die mich viele Jahre – mal mehr, mal weniger – im Griff hatte.

Auch Frau Paegelow ist sehr nett. Er bemuttert sie ganz lieb und sie hat ihm den dritten Band von »Joseph und seine Brüder« an Bord gebracht. Nach der Visite des Arztes erkundigte sich Herr Oben, wie lange ich denn noch Haferbrei essen solle, das käme auf die Dauer zu teuer! Typisch! Er brachte uns eine wunderschöne Fotografie von der »Warschau«. Auf der Rückseite von ihm eine Widmung und der Namenszug der Offiziere, der Ingenieure, von Herrn Henke und dem Funker. Dazu die Reiseroute: Bremen – Tampa – Panama – Vancouver – Nanaimo – Harmac – London – Antwerpen – Brake, und eine andere Aufnahme in schwarz-weiß, auf der die »Warschau« mit voller Ladung von Holz zu sehen ist, was ein Andenken an die Mannschaft war.

Am Nachmittag machten Harald und ich einen Spaziergang durch die Hafenanlage. Da hielt neben uns eine »Grüne Minna« mit zwei lächelnden Bobbys darin, die wissen wollten, wohin und warum wir uns auf diesem Gelände befinden. Kurzum, als wir von unserer Reise erzählten, waren sie davon so angetan, dass wir zu ihnen ins Auto steigen durften, um weiter zu berichten. So sind wir in dem Ort Tilbury gelandet, in dem nicht viel, aber doch etwas mehr zu sehen war als auf der Hafenanlage. Sie erklärten uns noch, wo wir für die Heimfahrt ein Taxi finden können.

Zuerst schauten wir durch die offene Tür einer Kneipe, wo Frauen und Männer »Bingo« spielten. Dann hörten wir einer Band von Tilbury zu, die eine recht schmissige Musik probte. Ein Schotte kam aus dem dortigen Seemannsheim und eine Prostituierte wartete, angelehnt an eine Hauswand, auf Kundschaft.

Mit einem Taxi kamen wir zum Schiff zurück, und da ich trotz weicher Knie den Ausflug gut überstanden hatte, planten wir für morgen mit einem Agenten von MacMilan, nun doch noch nach London zu fahren.

4. Juli: Herr Pope war es, ein reizender Mann, der uns in seinem Auto mitnahm. Zuerst wollte er von uns wissen, wie die Reise war und was wir alles gesehen haben. Als wir später London erreichten, das heißt einen Vorort, machte es ihm sichtlich Spaß, uns nun seine Stadt zu zeigen.

In diesem Vorort leben vor allem Pakistanis, die auch Besitzer der kleinen Geschäfte sind. Aber was für ein Schmutz davor oder auf der Straße. Es sah aus wie in New York, wenn die Männer der Müllabfuhr streiken, oder so wie es die Bilder von Soweto in Südafrika zeigen.

Dann zum Yachthafen »Kathrin«, wo wir im Hintergrund die Tower Bridge fotografieren konnten. Weiter am Tower vorbei durch London. Die Themse voll mit Schiffen aller Art und Größe.

Vorbei am Parlament, an der Westminster Abbey und an vielem mehr. Er fuhr langsam und erklärte, so wie es ein Reiseführer tut. Eine kurze Unterbrechung im »Dickens Inn«, ein alter Pub, auf dessen Boden Sägemehl ausgestreut war. Am Piccadilly Circus setzte er uns ab, da wir an diesem Platz in einen zweistöckigen Bus einsteigen wollten, um an einer Stadtrundfahrt teilzunehmen. Zwei Stunden waren wir unterwegs, wobei uns die Voreinführung von Mr. Pope half. Eine imposante Stadt, dieses London. Doch wir waren müde, auch im Kopf. Die vielen Eindrücke der letzten drei Monate machten sich bemerkbar. So war nach der Stadtbesichtigung unser nächster Gang in ein Kaffeehaus, um einen Tee zu trinken und etwas Gebäck zu knabbern. Und da es das Jahr der Hochzeit von Prinz Charles und Lady Di war, sah man überall diese beiden Köpfe. Auf Tassen, Tellern, Bechern und Servietten. Auch in diesem Café, wo solche Servietten nicht nur neben dem Gedeck lagen, nein, auch noch auf dem Fenstersims der Toilette, sozusagen als Toilettenpapier ausgelegt!

Gegessen haben wir in einem »Angus-Steakhouse«, das wir bei dem anschließenden Bummel entdeckten. Ein Angus-Steak ist mager, das ich nach dem Haferbrei gut vertrug. Die Besitzer und die Ober sehr freundliche Inder, in langen, hochgeschlossenen weißen Gewändern, was zu den dunklen Gesichtern und Händen sehr apart aussah.

Mit einem Taxi fuhren wir zum Bahnhof, und von dort mit einem schmutzigen, alten und laut rumpelnden Vorortzug zum Tilbury-Hafen. Da waren die einzelnen Zugabteile nicht miteinander verbunden. Man hätte also weniger angenehmen Mitreisenden während der Fahrt nicht ausweichen können, was mich allein sehr nervös gemacht hätte. Und dann die Sitzpolster, deren Bezüge nicht nur schmutzig waren, sondern auch noch mutwillig von Reisenden aufgeschlitzt. Das und die vielen Punker am Piccadilly-Platz mit ihren gelb gefärbten Hahnenkammfrisuren auf den total rasierten Schädeln, das passt so gar nicht zu den Engländern, die wir kennen.

Wieder an Bord, holte uns Herr Bosenich zu sich in seine Suite, wo das Ehepaar Oben, Herr Oswald und Herr Henke schon saßen. Ein schöner, ein ruhiger Abschluss an diesem doch wieder mit vielen neuen Eindrücken vollen Tag.

5. Juli: Sehr lange saßen wir Damen nach dem Frühstück zusammen, während Mosso, wie immer geräuschlos, den Tisch abdeckte und uns dann schmunzelnd allein ließ.

Nach dem Mittagessen fuhren wir mit dem Paar Oben wieder nach London. Sie wollten in den Parkanlagen spazieren gehen, während wir uns die Tower-Anlage mit den Kronjuwelen anschauen wollten.

Die Tower-Anlage ist auch heute noch so gruselig wie die ganze Geschichte des Towers. Feucht und düster durch diese alten Bäume und die hohen Steinmauern, die dem Innenhof keine Chance geben, einmal so richtig von der Sonne aufgewärmt zu werden. Und dann eine lange Schlange von Wartenden vor den Kronjuwelen. Fast zwei Stunden standen wir, und als wir endlich drin waren, dort wo hinter dickem Glas in Vitrinen nun diese Juwelen liegen, wurde man ständig von Wachmännern in prächtigen Uniformen aufgefordert, schnell weiterzugehen. »Go on, go on!«, riefen sie und klatschten dabei in die Hände. Wir fanden das schlimm, es gefiel uns überhaupt nicht. Aller Aufwand hat sich nicht gelohnt. Vielleicht diese kleine, winzige Krone, die Königin Victoria als kleines Mädchen getragen hat.

Dazu hatte Harald durch das lange Stehen mit seinen Beinen große Schwierigkeiten. Nur ganz langsam gingen wir wieder zum Hafen »Kathrin«, wo Bänke aufgestellt sind. Auch war dort der Treffpunkt mit Herrn und Frau Oben. Bis dahin war allerdings noch Zeit, da wir von den Wachmännern viel zu schnell durch die Räume des Towers gejagt wurden!

So schlenderte ich in der Umgebung herum. Schaute mir die

Auslagen in den Schaufenstern an, ging kurz in eine kleine Ausstellung von naiver Malerei und brachte aus einem Laden für Harald ein Mineralwasser mit. Dann zu viert in einem Taxi zu dem Restaurant, in dem es uns gestern so gut gefallen und auch gut geschmeckt hatte.

Aber was für eine Enttäuschung. Wohl durch die vielen Gäste bedingt, waren die Steaks und auch die Beilagen nicht gut und leider auch die Bedienung nicht so aufmerksam. Um zehn Uhr kamen wir an Bord, von Herrn und Frau Paegelow schon erwartet. Diese Harmonie auf der »Warschau« trotz so verschiedener Charaktere war immer wieder eine Überraschung.

6. Juli: Eigentlich wollten wir heute nicht an Land gehen.Vor allem Harald brauchte etwas Ruhe und ich ein wenig Zeit für eine Schönheitspflege. Aber nach dem Abendessen wollte Harald nun doch noch in das World's End mit, weil es ein besonders schöner alter Pub sein soll. Dort saßen wir mit den Obens, den Paegelows, den Herren Bosenich, Henke, Oswald und mit anderen Touristen an einem langen Tisch. Es war nicht nur ein alter Pub, sondern ein wirklich uralter, mit einer wunderschönen niederen Decke aus Leder und mit einer Glocke an der Theke, die eine auffallend schöne handwerkliche Arbeit war und, wie in jedem Pub üblich, die letzten Runden des Bierausschanks mit ihrem Glockenschlag ankündigte.

Wieder draußen, holten wir zuerst mal tief Luft, denn es wurde ja drin nicht nur Bier getrunken, sonder auch viel geraucht. Sehr spät und wie immer mit viel Spaß zurück an Bord!

7. Juli: Heute Morgen war ich bei Herrn Zobel. Er wollte mir eine Liste mitgeben, auf der die Menge der Lebensmittel aufgeführt ist, die in den drei Monaten von ca. 30 Personen verbraucht wurden.

Ich habe so wenig über ihn und von ihm geschrieben, aber nicht aus irgendeinem Grund. Er war einfach mehr mit der Mannschaft als mit uns zusammen. Und er ist nicht mit mir gelaufen. So war sein Angebot nicht nur nett und überraschend, sondern auch ein Grund, mit ihm doch noch ein bisschen zu plaudern. Es ist erstaunlich – oder normal? –, wie konservativ die Herren auf dem Schiff sind. Ich meine nicht parteipolitisch, sondern in ihrer Auffassung, wie ein Schiff geführt werden soll und auch geführt werden muss. Wohl deshalb diese Harmonie, die ich immer wieder erwähne.

Kurz nach dem Mittagessen hörten wir das Geräusch der Maschinen, fühlten das Vibrieren, das wir nur noch zwei, vielleicht auch drei Tage spüren werden. Nun also die Schleuse, der Wasserweg, den ich noch nicht gesehen hatte. Wir drei Damen waren wegen der Aussicht mitsamt den Liegestühlen zum Peildeck hochgestiegen. Doch ich hatte mich so sehr an eine Ruhe gewöhnt, dass mich das viele Reden sehr anstrengte.

Die Uhr um eine Stunde vorgestellt. Grausam!

8. Juli: Seit heute Morgen acht Uhr sind wir in Antwerpen. Eigentlich sollte die Entladung sofort beginnen, das war aber nicht der Fall. Trotzdem wollten wir nicht an Land gehen. Unsere Köpfe waren einfach nicht mehr bereit, noch mehr Neues aufzunehmen. Auch müsste ich mal anfangen zu packen, ob es uns nun gefällt oder auch nicht.

So brachte Mosso unsere Seemannskiste. Freude? Nein. Aber nicht, weil sie immer noch ein Monstrum ist. Zu gerne würde ich heute alle Strapazen mit ihr nochmals durchmachen, wenn ich sie für den Beginn einer Reise voll packen dürfte, wenn wir … Ich packte und Harald schaute mir wehmütig zu, als ich nur noch wenige Sachen für die letzten Tage in einer Schublade zurückließ.

Der Kapitän ging früh zu Bett, denn in der Nacht sollten wir auslaufen. Doch dann die Nachricht, der Auslauf verzögert sich, er wird erst am Morgen um sechs Uhr stattfinden. Harald wollte dabei sein, so haben wir den Wecker gestellt.

9. Juli: Es gab eine erneute Verspätung. Wir liefen erst um acht Uhr aus, mit einem Lotsen auf der Brücke, wie wir ihn noch nie hatten. Eine auffallend dunkle Haarmähne, in die weiße Haarsträhnen eingefärbt waren. Ein ebenso dunkler und dichter Bart, der ihm stand und ihn vielleicht wilder aussehen ließ, als er ist. Dazu eine schwarze Hose, ein weißes Hemd, eine auffallend gut gebundene schwarze Krawatte und am rechten kleinen Finger einen Brillantring!

Er fuhr bis zur Schleuse der Schelde mit. Dann nicht nur ein Wechsel des Lotsen, auch die Polizei und der Zoll kamen nochmals an Bord. So wird sich durch diese Verzögerung auch die Ankunft in Brake ändern. Wir bleiben gerne noch länger auf dem Schiff, aber unsere Freunde müssen benachrichtigt werden.

Nach dem Mittagessen habe ich mich verdrückt. Nur Harald wusste, dass ich zum Bug ging. Dort saß ich nochmals auf meinem Poller und habe lange ins Wasser geschaut. Drei volle Stunden, die Ruhe tat mir unheimlich gut. Ich habe manchmal auf der Reise gedacht, eine Frau mehr an Bord wäre auch ganz schön. Aber jetzt merke ich, dass ich dann die Zeit gar nicht hätte so nutzen können, wie ich es tat. Studieren, Tagebuch führen, auf Kassetten die ganze Reise nochmals beschreiben, und ... und ... und ...

Eine Menge von Schiffen war zu sehen. Dann der Strand von Vlissingen, jetzt schon etwas belebter als im April. Die Holztreppen über die Dünen waren angebracht und die frisch angemalten kleinen Häuschen, die als Umkleidekabinen angemietet werden, hatten zum Teil die orangefarbenen, blauen und auch roten Markisen ausgestellt, was sehr lustig aussah. Aber ein großer Badebetrieb war es noch nicht.

Am späten Nachmittag ging unser Lotse von Bord. Allerdings während der etwas gedrosselten Fahrt, mitten auf der See. Von dem Schiff, das uns steuerbords entgegengekommen war, wurde ein Mann mit einem Beiboot zu Wasser gelassen, das er zu unserem Fallreep fuhr, dort den wartenden Lotsen aufnahm und mit ihm zu dem Frachter fuhr, der uns kurz davor backbords entgegengekommen war. Den weiteren Verlauf konnten wir nicht verfolgen, da wir schon wieder mit 17 Knoten fuhren. Auch war Nebel aufgekommen, sodass die Sicht nur noch zwei Seemeilen betrug. Aber wir wissen von Francesco, der auf der Außenplattform Wache hielt, dass unser Lotse nun auf diesem Frachter seinen Dienst tut und dabei wieder zur Schelde-Schleuse zurückkommt, an der er seinen Dienst bei uns begann.

Es war schon ein komisches Wetter. Man hatte den Eindruck, oder es war auch so, wie wenn das Sonnenlicht nur uns begleiten würde, denn drum herum war nur ein dichter grauer Nebel. So waren die Schiffe, die uns entgegenkamen, wie Geisterschiffe, die für einen kurzen Moment aus der Nebelwand auftauchten, um auch gleich wieder darin zu verschwinden. Deshalb große Aufmerksamkeit auf der Brücke und mehr Wachhabende als sonst.

Harald ging früh zu Bett. So saß ich noch ein bisschen mit den beiden Damen im Salon und später im Sessel des Kapitäns. Dann nahm ich Abschied vom Schiff. Ging von Deck zu Deck bis runter zum Unterdeck, auf dem noch einige Matrosen rauchten und erzählten. Nochmals zum Bug, der vollständig in den Nebel eingetaucht und – was für eine neue Überraschung – von einem hellgrünen leuchtenden Streifen eingerahmt war. Das Wasser blühte! Es ist das Meeresleuchten, das von Leuchtlebewesen im Meer hervorgerufen wird.

Ich gleich zu Harald hoch, aber er schlief zu fest. Also nochmals auf die Brücke, wo der Kapitän schmunzelnd meinte, das hätte er für uns als Abschiedsgeschenk bestellt. Dieses Leuchten war nicht, wie ich zuerst dachte, nur am Bug, nein, es war um das ganze Schiff zu sehen – und Harald schlief! So wünschte ich zum letzten Mal eine gute Wache und ging auch zum letzten Mal zum Schlafen in unsere Kammer.

10. Juli: Punkt sechs Uhr läutete der Wecker, aber das Bett von Harald war schon leer. Er kam gerade auf die Brücke, als die Weser-Lotsen die vom Feuerschiff »Weser« ablösten. Wir sind also schon viel weiter, werden in drei Stunden Brake erreicht haben. Um drei Uhr in der Nacht hatte sich der Nebel verzogen, sodass die »Warschau« mit 18 Knoten fuhr und tatsächlich um neun Uhr in Brake anlegte. Ein Hafen, der uns überhaupt nicht gefiel.

Nach dem Frühstück den Rest aus der Kammer und dem Badezimmer eingepackt, ein Blick noch in den Schrank und in alle Schubladen und zur Tür, unter der unser Kapitän stand. Nun wurde es ernst, er brachte die Seefahrtsbücher – wir mustern ab.

Bei Harald der Eintrag: Wegen hervorragenden Verhaltens vorzeitig in den Urlaub geschickt.

Bei mir: Hat sich für die Belange der Besatzung eingesetzt, hat sich deshalb den Urlaub verdient.

Und dann warteten wir auf unsere Freunde, während wie in jedem Hafen Fremde an Bord kamen und Unruhe entstand. Es wurde entladen, Matrosen, die abmusterten, gingen mit ihrem Gepäck von Bord, und Frauen trafen zum Teil mit ihren Kindern ein. Es war ein Kurzbesuch, um den Vater, den Mann oder den Sohn und Freund vor dem erneuten Auslauf zu sehen.

Unsere Freunde kamen erst gegen 15 Uhr, sie hatten unterwegs eine Autopanne. Sie wollten es einfach nicht glauben, dass wir nicht von Bord gehen wollen. Erst nach einem gemeinsamen Kaffee in der Messe und dem Abschiedstrunk beim Kapitän konnten sie unsere Traurigkeit verstehen. Dann ein letzter Händedruck mit den Matrosen und dem Bordschlosser. Mit den Herren Henke, Oswald und Bosenich. Abschied vom Chief und seiner Frau, vom Koch, der Bäcker war schon von Bord, und dem Funker, der unseretwegen seine Funkstation kurz verließ. Ein Jammer, den lieben Mosso anzusehen, der uns mit Tränen in seine Arme nahm. Der Kapitän und seine Frau gingen mit uns zum Auto, Mosso mit dem letzten Gepäck hinterher. Als der Rest nun verpackt war, die Kiste war schon drin, nochmals ein Umarmen, letztes Winken – es war uns elend zumute.

Die Heimfahrt war angenehm, zwischendurch ein Abendessen in einem Lokal, das gut besucht war. Natürlich sahen auch wir die hübschen Dörfer, nahmen ebenso den Fährbetrieb wahr, als wir mit einer der Fähren nach Brunsbüttel fuhren. Aber was soll's – wir waren einfach traurig.

Eine Stunde vor Mitternacht das stille Dorf – das Haus, das wir nach 15 Wochen öffnen und dabei erstaunt feststellen, wie schön und gemütlich es drinnen ist. Fünf Minuten später stehen Cerstin und Ralph in der Diele – die Familie hat uns wieder.

Anhang:

1. Lebensmittelverbrauch in den drei Monaten für ca. 30 Personen

2. Die technischen Daten der »Warschau«

3. Einige Fachausdrücke, die ich kaum verwendet habe, da ich selbst ungern beim Lesen nach hinten blättere

Lebensmittelverbrauch in den drei Monaten für ca. 30 Personen.

Fleisch:
  550 kg Rindfleisch
  80 kg Innereien, Zunge
  450 kg Schweinefleisch
  80 kg Koteletten
  75 kg Eisbein
  90 kg Kalbfleisch
  40 kg Hammelfleisch
  25 kg geräucherter Schinken
  45 kg Kasseler
  75 kg Speck
  20 kg gekochter Schinken
  135 kg Wurst (sortiert)
  15 kg Kochwurst
  30 kg Bratwurst
  36 Dosen Cornedbeef
  25 Dosen (à 20 Stück) Frankfurter
  25 Dosen (à 1,5 kg) Aufschnitt
  25 Dosen Leberwurst

Geflügel:
  90 kg Hähnchen
  70 kg Suppenhühner

Fisch:
  150 kg Schollenfilet
  10 Dosen (à 4 Liter) Fischkonserven
  120 kleine Dosen Fischkonserven

Sonstige Konserven:
  250 Dosen Gemüse
  70 Dosen Pilze

25 kg Sauerkraut
25 kg Hülsenfrüchte
200 Dosen Obst
10 Dosen (à 5 Liter) verschiedene Gurken

Sonstiges:
150 kg Teigwaren
40 Glas Honig
25 kg Marmelade
20 Liter Fruchtsaft
20 kg Mayonnaise
70 kg Reis
400 kg Mehl
12 kg Paniermehl
10 kg Kartoffelmehl
35 kg Frischhefe
100 kg Kaffee
6 kg Puddingpulver
15 kg Kakao
10 kg Tee
80 kg Zucker
140 kg Butter
50 kg Margarine
20 kg Schmalz
100 Liter Speiseöl
750 Dosenmilch
360 Tüten Milch
12 kg Schlagsahne
12 kg Milchpulver
90 Liter Eiscreme
15 Flaschen Küchenwein
12 kg Fertigsuppen

Käse:
110 kg Schnittkäse
30 kg Quark
60 Schachteln Camembert
30 Schachteln Schmelzkäse
250 Becher Joghurt

5.200 Eier
12 kg Trockenobst

Frisches Obst:
400 kg Äpfel
400 kg Bananen
400 kg Orangen
400 kg Zitronen
400 kg Melonen
400 kg Grapefruit

Frisches Gemüse:
700 kg Kartoffeln
50 kg Zwiebel
700 kg sonstiges Gemüse
60 kg gefrorenes Gemüse

Fachausdrücke in der Seemannssprache:

abbacken = Geschirr wegschaffen
achtern = hinten
Ankerspill = Ankerwinde
aufklaren = Ordnung schaffen
Back = Tisch und Vorderschiff
Backbord = linke Seite des Schiffs
Bilge = Raum für Leckwasser
Boje = verankerter Schwimmkörper
Bootsdrill = Rettungsübung an Bord
BRT = Bruttoregistertonne
Bug = vorderer Teil des Schiffes
Bulleye = Bullauge
Chief = Chefingenieur
Davit = drehbarer Schiffskran, Aufhängung für Rettungsboot
Deadweight = Tragfähigkeit eines Schiffes, in Tonnen gemessen
Drift = driften, durch Wind oder Strömung hervorgerufene
Kursabweichung
Etmal = Tagesreise, von Mittag zu Mittag gemessen
Faden 1 Faden= 6 Fuß, 1 Fuß = 12 Zoll, 1 Zoll = 25,5 mm
Fallreep = Treppe außen
Fender = Zwischen Schiffswand und Kaimauer aufgehängt
Fendel = Putzlappen
festmachen = anlegen und sichern des Schiffs
Gangway = Laufsteg bei Schiff und Flugzeugen
Gast = Matrose mit bestimmten Aufgaben (Funkgast)
Gräting = Lattenrost aus Holz oder Eisen
Gut = Alles Tauwerk an Bord
Havarie = Seeschaden
Heck = hinterer Teil des Schiffs
Heuer = Lohn des Seemanns
Kiel = unterster Längsträger des Schiffrumpfes
Kimm = Horizont

Klampe = Metallstück zum Festmachen der Taue
Klüse = Öffnung am Schiffsbug für die Ankerkette und im Schanzkleid für Trosse und Taue
Knoten = 1 Knoten = 1 Seemeile pro Stunde = 1, 852 km/h
Koje = Schlafstelle
Kombüse = Küche
krängen = Das Schiff neigt zur Seite
Li = Leitender Ingenieur Chief
Lee = Windschattenseite
Luv = Windseite
Liner = Linienschiff
Logbuch = Schiffstagebuch
Luke = Decköffnung
Maat = Hauptmatrose
mannen = weiterreichen in einer Kette
Mitlöper = ein gleichen Kurs haltendes Schiff
Niedergang = Treppe im Schiff
Nock = Ende eines Rundholzes
Pardune = Tau, das Masten oder Stengen nach hinten hält
Peilen = Standort oder Richtung bestimmen
Pier = Hafenmauer
plieren = weinen
Plotter EVD = Aufzeichnen und Konstruieren von Zeit-Weg-Diagrammen
Poller = zum Festmachen der Schiffsleinen
pönen = malen, anstreichen
Poop = Aufbau auf dem Achterschiff
Purser = Zahlmeister
reesen = quatschen, aufschneiden
Reling = Geländer um das Schiffsdeck
Riemen = Ruder
Schanzkleid = Schutzverkleidung mit Stahlblechen, eine geschlossene Reling
Schapp = kleiner Raum, Schrank

Schiffstau = Trosse
Schlingerleisten = Holzleisten, die das Abrutschen des Geschirrs verhindern sollen
Schiffskoch = Smutje
Schott = Trennungswand und Türe in der Wand
Schwanenhals = nach unten zurückgebogenes Entlüftungsrohr am Oberdeck
SOS= Funknotruf
Speigatt = Öffnung zum Ablauf des Wassers
Stabilisator = Vorrichtung zur Abschwächung von Schiffsschwankungen
Stag = Halte- und Stütztau
Stahlseil = Want
Stapellauf = ein neu gebautes Schiff wird von der Helling zu Wasser gelassen
Steuerbord = rechte Seite des Schiffs
Steven = ein begrenzter Bauteil vorn und hinten
Tide = Gezeiten, Ebbe und Flut
Tonnage = Rauminhalt eines Schiffes
Top = oberes Ende, z. B. Spitze eines Mastes
Törn = Tauwindung
Trosse = starkes Seil aus Hanf oder Stahldraht
törnen = drehen
Typhon = Schallsignalgerät für Schiffe, dessen Membran durch Druckluft bewegt wird
Underdogs = Mitglieder der Schiffsbesatzung, die mit Passagieren nicht in Kontakt kommen
Windhutze = Luftschacht zum Heizraum
Winsch = Winde zum Heben schwerer Lasten

Die Daten der MS »Warschau«:

Bauwerft: Flensburger Schiffsbaugesellschaft
Indienststellung: 28. Juni 1976

Klassifikation: Germanischer Lloyd-100 A 4+MC »Aut« 16 / 24

Ein Massengutfrachter, für Schwergutladung verstärkt

Vermessung: 30.347,87 BRT
Tragfähigkeit: 50.250 Metric-Tonnen (1 metric ton = 1000 Kilo)
Länge über alles: 213,35 m, Breite auf Spanten 30,40 m
Seitenhöhe bis Hauptdeck: 17,30 m
Tiefgang: 12,17 m
Tiefgang bei Holzladung: 11,15 m
Hauptantrieb: 1 Hauptmotor MAN 16V 52 / 55 A 14400 PSE
Brennstoffverbrauch: 54 tons intermediale 1500
ca. 3 tons Diesel
Geschwindigkeit: ca. 16 Knoten
(1 Knoten = 1 Seemeile = 1,852 km/h)
Ladegeschirr: 6 Liebherr-Kräne (à 20 Tonnen)
Ladebuchten: 6 Luken mit kaverner Abdeckung
Ballast-Kapazität: 16.295,7 mto (Metric-Tonnen)
Schweröl: 3025,5 mto
Dieselöl: 279,8 mto
Frischwasser: 223,0 mto
Schmieröl: 176,6 mto
Ballast-Tiefgang: 7,00 m
Masthöhe über Kiel: 45,80 m
Über Ballast Tiefgang: 38,80 m
Air-Draft: 11,80 m

Epilog

Dieses Buch sollte schon lange geschrieben sein. Doch durch eine schwere Erkrankung, die mich viele Jahre – mal mehr, mal weniger – im Griff hatte, wurden zuerst meine Kurzgeschichten, die ich zum Teil auf der »Warschau« geschrieben habe, zu einem Buch. (Kieselstein und Anemonen).

Ich komme also erst jetzt dazu, von dieser Reise zu erzählen, wobei mich mein Tagebuch und die Kassetten von damals unterstützen.

Als Dank für diese schönen gemeinsamen Wochen widme ich das Buch der Besatzung, die vom 12. April 1981 bis zum 10. Juli 1981 an Bord der »Warschau« war.